Dirk Klingner

Maria

Der Reiseführer

Wallfahrtskirchen
Pilgerwege
Museen

benno

Bibliografische Informationen
der Deutschen Nationalbibliothek
Die Deutsche Nationalbibliothek verzeichnet diese Publikation in der Deutschen Nationalbibliografie; detaillierte bibliografische Informationen sind im Internet über http://dnb.d-nb.de abrufbar.

Mit Sorgfalt wurden Daten und Fakten dieses Reiseführers geprüft und recherchiert. Da insbesondere touristische Informationen häufig Veränderungen unterworfen sind, wird für die Richtigkeit der Angaben keine Gewähr übernommen. Für Hinweise und Verbesserungsvorschläge ist der Verlag dankbar.

ISBN 978-3-7462-4642-0

Umschlaggestaltung: Ulrike Vetter, Leipzig
Umschlagabbildungen: © magann / fotolia; © Renáta Sedmáková / fotolia; © reimax16 / fotolia
Gesamtherstellung: Ufer Verlagsherstellung, Leipzig (A)

Inhalt

Marienwallfahrtsorte in Deutschland

Marienborn
Werder
Etzelsbach
Rosenthal
Klüschen Hagis
Würzburg
Mariabuchen
Sammarei
Wemding
Altötting
Ostsee
MECKLENBURG-
VORPOMMERN
Kiel
Hamburg
Schwerin
Rostock
Lübeck
SACHSEN-
ANHALT
Magdeburg
Wolfsburg
Braunschweig
Potsdam
Berlin
BRANDENBURG
Cottbus
Göttingen
Halle
Leipzig
SACHSEN
Dresden
Chemnitz
Zwickau
Gera
THÜRINGEN
Erfurt
Nürnberg
Fürth
Regensburg
Ingolstadt
BAYERN
Augsburg
München
Allgäu

Aachen

Strahlenkranzmadonna und Kleid Mariens

»Zieh in das Land, das ich dir zeigen werde« (Gen 12,1), unter diesem Thema stand die letzte Aachener Heiligtumsfahrt. Seit 1349 finden die Wallfahrten alle sieben Jahre statt. Zehn Tage lang werden vier Reliquien gezeigt, die in enger Verbindung mit dem Leben Jesu und Mariens stehen: das Kleid Mariens, das Lendentuch des Gekreuzigten, Jesu Windeln und das Enthauptungstuch Johannes des Täufers.

Die Reliquien gelangten im Jahr 799 als Geschenk nach Aachen. Lange wusste man nicht, was sie darstellen sollten. Man gab ihnen ihre Bezeichnung erst, als von 1220 bis 1239 der Marienschrein für die Reliquien angefertigt wurde. Zunächst fand die Wallfahrt nur unregelmäßig statt. Im Pestjahr 1349 führte man dann den nur sehr selten unterbrochenen siebenjährigen Turnus ein. Die Frage der Echtheit der Reliquien spielt keine Rolle. Man

Strahlenkranzmadonna

Das Kleid Mariens

Oktogon im Dom zu Aachen

sieht in ihnen Zeichen der Erlösung der Menschheit durch Jesus Christus.

In der Mitte des Chorraumes des Aachener Münsters hängt eine zweiseitig gearbeitete Madonna im Strahlenkranz. Die lebensgroße Skulptur aus dem Jahre 1524 zeigt auf der einen Seite die auf der Mondsichel stehende Maria. Um die Mondsichel windet sich die Schlange – Symbol des besiegten Bösen. Krone und Zepter kennzeichnen die Gottesmutter als Himmelskönigin. Die dem Chor zugewandte Seite der Marienfigur zeigt Maria mit ihrem Sohn, der die Rechte zum Segen erhebt. In der Linken hält Christus eine Traube, die auf die Eucharistie verweist.

Münsterplatz, 52062 Aachen
Tel.: 0241/452-884 (Heiligtumsfahrtsbüro)
www.heiligtumsfahrt2014.de; www.aachendom.de

A4 oder A44 bis Aachen (Autobahnkreuz Aachen), mehrere Ausfahrten

zahlreiche Fernverbindungen; vom Hauptbahnhof erreicht man den Dom zu Fuß in ca. 15 Minuten

alle 7 Jahre 10 Tage im Juni; nächste Wallfahrt im Jahr 2021

Altötting

Deutschlands bedeutendster Wallfahrtsort

Das oberbayrische Altötting ist Deutschlands bedeutendster Wallfahrtsort. Etwas mehr als 12.000 Einwohner leben in der rund 90 Kilometer östlich von München gelegenen Kleinstadt. Bereits im 7. Jahrhundert dürfte die 877 erstmals erwähnte Kapelle als frühchristliches Taufhaus oder als Pfalzkapelle der Agilolfinger entstanden sein. Die kleine Kirche gilt als einer der ältesten Zentralbauten in Deutschland. Nachdem die Wallfahrt einsetzte, erweiterte man die Kapelle um ein dreijochiges Langhaus.

Der Ursprung der Wallfahrt liegt im Jahr 1489. Ein dreijähriger Junge ertrank in einem Bach. Die Mutter brachte das Kind in die Altöttinger Marienkapelle, legte es auf dem Altar nieder, begann zu

Gnadenkapelle

beten, und das Kind wurde wieder lebendig. Bald kamen Wallfahrer in großen Scharen. Ein erstes Pilgerzeichen mit der Aufschrift »1490 altnoting« gilt als ältestes Zeugnis der Wallfahrt, die schon Ende des 15. Jahrhunderts überregionale Bedeutung erlangt hatte. Im Jahr 1492 verkaufte man bereits 130.000 Pilgerzeichen. Zwei Jahre später wurde ein erstes »Mirakelbuch« gedruckt, das von den in Altötting geschehenen Wundern und Heilungen erzählt.

Die »Schwarze Madonna«

Vermutlich aus Lothringen stammt das um 1300 geschaffene Madonnenbild. Über die Jahrhunderte hat die Gottesmutter durch Kerzenruß eine schwarze Farbe angenommen und wird als »Schwarze Madonna« verehrt. Im 17. Jahrhundert erhielt die nur 65 Zentimeter große Figur einen prachtvollen Brokatornat. Vor dem Gnadenbild kniet eine lebensgroße Statue des zehnjährigen Kurprinzen Maximilian III. Joseph von Bayern (1727–1777).

In der ehemaligen Sakristei der Pfarrkirche können die Votivgaben besichtigt werden, die ältesten stammen aus dem frühen 16. Jahrhundert. Zu den zahlreichen Votivgaben gehört auch das »Goldene Rößl«. Das 1392 in Paris entstandene Meisterwerk

Die Gottesmutter über dem Portal der Gnadenkapelle

mittelalterlicher französischer Goldschmiedekunst kam 1405 als Pfand in den Besitz des bayerischen Herzogs Ludwig des Gebarteten (1413–1447) und wurde 1509 nach Altötting gebracht. Zu sehen ist der vor einem Bild der thronenden Gottesmutter kniende französische König Karl VI. (1380–1422). In einem Gewölbe darunter ist das von einem Diener gehaltene Pferd des Königs zu sehen, das dem Kunstwerk seinen Namen gab.

An die Verbundenheit des bayerischen Herrscherhauses mit der Altöttinger Wallfahrt erinnern die 28 Herzurnen von Familienangehörigen der Wittelsbacher in den Wandnischen der Kapelle. Den Kapellenumgang füllen Büßerkreuze und mehr als 2000 Votivtafeln. Bis auf den heutigen Tag kommen immer neue Votivbilder hinzu.

Zunächst übten die Chorherren des Altöttinger Kollegiatstiftes die Seelsorge an der Wallfahrtskirche aus. Ende des 16. Jahrhunderts übernahmen Jesuiten diese Aufgabe. Ihnen folgten Franziskaner, Redemptoristen und Kapuziner. Auch heute üben die Brüder des nahen Kapuzinerklosters, in dem der hl. Konrad von Parzham (1818–1894) 41 Jahre lang den Dienst an der Pforte versah, die Wallfahrtsseelsorge aus.

Jedes Jahr kommen etwa eine Million Wallfahrer nach Altötting, rund 30.000 von ihnen pilgern zu Fuß. Auch Papst Johannes Paul II. (1978–2005) und Papst Benedikt XVI. (2005–2013) besuchten auf ihren Deutschlandreisen in den Jahren 1980 bzw. 2006 den bayerischen Wallfahrtsort.

Votivbilder im Kapellenumgang

Kapellplatz, 84503 Altötting
Tel.: 08671/5062-19 bzw. -38 (Wallfahrts- und Verkehrsbüro); 08671/9242014 (Administration der Hl. Kapelle)
www.altoetting-wallfahrt.de; www.altoetting-touristinfo.de

A94 München-Passau, B12 Ausfahrt Altötting oder A8 München-Salzburg, Ausfahrt Grabenstätt

Altötting liegt an der Bahnstrecke Mühldorf-Burghausen mit Anschluss in Mühldorf nach München, Rosenheim, Traunstein, Freilassing, Passau und Landshut

von der Passions- bzw. Osterzeit bis Weihnachten; besonders an den Sommerwochenenden zahlreiche Wallfahrergruppen, oft auch in Tracht gekleidet, aus Bayern und anderen Regionen

Blieskastel

Wallfahrt zu Unserer Lieben Frau mit den Pfeilen

Heilig-Kreuz-Kapelle

Blieskastel liegt zwischen Saarbrücken und Zweibrücken im Saarland. Hoch über der Stadt erhebt sich die 1682/83 errichtete Wallfahrtskapelle »Unserer Lieben Frau mit den Pfeilen«. Ursprünglich war die Kapelle Ziel einer von den französischen Besatzern 1793 beendeten Kreuzwallfahrt. Das heute von den Pilgern verehrte Wallfahrtsbild, eine Gottesmutter mit dem toten Christus, kam 1829 in die Kapelle. Erst 1911 entdeckte man das in Vergessenheit geratene Bild wieder. Zwischen 1924 und 1929 wurde eine neue Wallfahrtskirche mit angeschlossenem Kapuzinerkloster gebaut, da schon seit Anfang des 20. Jahrhunderts die kleine Kapelle für die stetig zunehmenden Pilgerscharen nicht mehr ausreichte. Seit 2005 betreuen Franziskaner-Minoriten aus Polen das Wallfahrtskloster.

Ihren Anfang nahmen die Wallfahrten nach Blieskastel im 14. Jahrhundert: Ein in der Gegend lebender Eremit verehrte ein Marienbild, das sich in einer hohlen Eiche befand. Plündernde Krieger beschossen das Bild, die in der Schnitzfigur steckenden fünf eisernen Pfeilspitzen erinnern bis heute daran. Aus den Einschussstellen floss Blut. Ein Blinder bestrich seine Augen damit und erhielt sein Augenlicht zurück. Auch Gräfin Elisabeth von Blieskastel, die allerdings schon im 13. Jahrhundert lebte, soll durch das Gnadenbild von einer Krankheit geheilt worden sein. Die Gräfin habe das Bild der Gottesmutter daraufhin in das von ihr gegründete Kloster Gräfinthal bringen lassen.

Der Altar mit dem Gnadenbild

Ende des 18. Jahrhunderts kam das mittlerweile rußgeschwärzte Gnadenbild nach Blieskastel und wurde dort in den Wirren der Französischen Revolution öffentlich versteigert. Die Jungfrauen von Blieskastel ersteigerten das Bild für 123 Gulden, und so kam es an seinen Platz. Heute kommen jährlich etwa 50.000 Wallfahrer nach Blieskastel.

Klosterweg 35, 66440 Blieskastel
(Wallfahrtskloster der Franziskaner-Minoriten)
Tel.: 06842/2323
www.wallfahrtskloster-blieskastel.de

A8 Mannheim–Saarbrücken, Ausfahrt Einöd, weiter auf der B423 Richtung Webenheim

bis Homburg/Saar, weiter mit dem Bus Richtung Reinheim-Zum Litzelbach bis zum Busbahnhof Blieskastel, Umstieg und weiter bis Klosterweg

alle Marienfeste und der 13. eines jeden Monats

Cloppenburg

Wallfahrt zur »Mutter der Sieben Schmerzen«

Cloppenburg liegt zwischen Oldenburg und Osnabrück im Oldenburger Münsterland. Die Wallfahrtstradition zur »Mutter der Sieben Schmerzen« reicht zurück bis in das Spätmittelalter. Das Gnadenbild, eine Pietà aus Eichenholz, entstand am Ende des 14. Jahrhunderts. Bauern sollen die Marienfigur auf dem kleinen Fluss Soeste stromaufwärts schwimmen gesehen haben. Sie glaubten an ein Wunder und wollten das Marienbild zur Kapelle des Schlosses Lethe bringen. Doch an der Siechenhauskapelle in der Nähe von Bethen weigerten sich die Pferde, das Fuhrwerk mit der Pietà weiter zu ziehen, und so blieb die 111 cm hohe hölzerne Marienfigur in Bethen.

Gnadenbild »Mutter der Sieben Schmerzen«

Schnell verbreiteten sich die Berichte von den Geschehnissen, und viele Menschen kamen nach Bethen, um bei Maria Zuflucht zu suchen. Erstmals urkundlich wird die Bethener Wallfahrt 1448 erwähnt. Bis zur Reformation erfreuten sich Pilgerfahrten nach Bethen großer, auch überregionaler Beliebtheit. Dann nahmen die Wallfahrten ab. Cloppenburg blieb zwar katholisch, aber weite Gebiete Norddeutschlands nahmen das evangelische Bekenntnis an.

Carl Othmar von Grothaus, Droste des Amtes Cloppenburg, ließ die heutige Gnadenkapelle er-

Wallfahrtskirche

bauen. Der Münsteraner Fürstbischof Christoph Bernhard von Galen weihte 1669 den schlichten Barockbau. In der Zeit der Weltkriege und des Nationalsozialismus nahm die Wallfahrt einen großen Aufschwung. Auch Clemens August Kardinal von Galen (1878–1946) suchte das Gnadenbild oft auf. Heute kommen vor allem Gemeinden aus dem Raum Oldenburg und der Diaspora nach Cloppenburg-Bethen.

An der Wallfahrtskirche 5, 49661 Cloppenburg-Bethen
Tel.: 04471 / 701000 (Kath. Pfarramt)
Internet: www.stmarien-bethen.de

A1 Münster-Bremen, Ausfahrt Cloppenburg, weiter B72 Richtung Cloppenburg

Bahnhof Cloppenburg an der Strecke Oldenburg-Osnabrück (stündliche Verbindungen in beide Richtungen)

am Sonntag nach dem Fest der Schmerzen Mariens (15. September) von Cloppenburg nach Bethen; Dekanatswallfahrten im Mai und November; neun Dienstage vor Palmsonntag »Antonius-Dienstage« mit Pilgermesse und Predigt

Etzelsbach

Papst besucht Marienkapelle im Eichsfeld

Etzelsbach im thüringischen Eichsfeld erlangte durch den Besuch von Papst Benedikt XVI. im Jahr 2011 in ganz Deutschland Bekanntheit. Eine alte Legende berichtet, dass ein Bauer ein überwachsenes Feld pflügte. Plötzlich blieben seine Pferde stehen und knieten nieder. Das Geschehen wiederholte sich dreimal. Schließlich holte der Bauer Hacke, Schaufel und Spaten. Er brauchte nicht lange zu graben, um eine Holzschnitzerei zu entdecken. Als er das Bild zu Hause reinigte, kam die Statue einer Schmerzensmutter zum Vorschein.

Tatsächlich gab es ein Dorf Etzelsbach bei der heutigen Kapelle, das im Laufe des 15. Jahrhunderts zur Wüstung wurde. Aufständische Bauern zerstörten 1525 die erhalten gebliebene Kirche oder Kapelle und das dazugehörige Wohnhaus eines Ordensbruders. Damit fand die Wallfahrt zunächst ihr Ende. Doch schon 30 Jahre später, als im Eichsfeld die Pest wütete, lebte die Tradition der Wallfahrt nach Etzelsbach wieder auf. Auch der Dreißigjährige Krieg (1618–1648) brachte den Pilgerstrom nicht zum Versiegen.

Gnadenbild

Die heutige, der Aufnahme Mariens in den Himmel geweihte Kapelle wurde in den Jahren 1897/98 durch den Heiligenstädter Architekten Cordier erbaut. Prächtige Glasmalereien schmücken die Fenster des Chorraumes, das mittlere Fenster ist dem

Wallfahrtskirche

Patrozinium der kleinen Wallfahrtskirche gewidmet. Im rechten Seitenschiff steht das ins frühe 16. Jahrhundert datierte Gnadenbild. Anders als bei den meisten Darstellungen der Schmerzensmutter hält Maria ihren toten Sohn so, dass die Seitenwunde nicht dem Beter zugewandt ist.

Mindestens bis in die Zeit um 1700 reicht die Tradition der Pferdewallfahrt Mitte Juli zurück. Schon damals kamen mehr als 100 Pferde nach Etzelsbach. Seit 1978 segnet der Pfarrer die Pferde bei einem Umritt nach der Wallfahrtsmesse.

37308 Steinbach, in der Nähe des Dorfes in einem Tal gelegen
Tel.: 036085 / 40305 (Pfarramt Steinbach)
Internet: www.pfarramt-steinbach.de

A38 Göttingen-Leipzig, Ausfahrt Heilbad Heiligenstadt, weiter L3080 Richtung Leinefelde

Bahnhof Heiligenstadt an den Strecken Göttingen-Erfurt und Kassel-Halle/Saale; weiter mit Buslinie 3 Heiligenstadt-Steinbach-Günterode-Glasehausen

Pferdewallfahrt am 2. Sonntag nach Mariae Heimsuchung (2. Juli); Wallfahrt mit Fahrzeugsegnung am Sonntag um das Fest des hl. Christophorus (24. Juli); Wallfahrt zum Fest »Maria Schnee« (5. August); Wallfahrt zum Fest »Mariae Himmelfahrt« (am Sonntag nach dem 15. August); Wallfahrt zum Fest »Mariae Geburt« (am Sonntag nach dem 8. September)

Kevelaer

Größter Wallfahrtsort Nordwesteuropas

Seit der Zeit des Dreißigjährigen Krieges ist die Gnadenkapelle der »Muttergottes von Kevelaer« das Ziel zahlreicher Wallfahrer. Ein Soldat verkaufte der Hausfrau Mechel Scholt einen kleinen Kupferstich des Luxemburger Wallfahrtsbildes, das Maria als die »Trösterin der Betrübten« zeigt. Nach zwei Visionen in den Jahren 1641 und 1642, in denen Maria den Hausierer Hendrick Busman († 1649) zum Bau einer Kapelle aufforderte, errichtete er 1642 einen Bildstock für das Gnadenbild. Trotz oder gerade wegen der anhaltenden Kriegsnot kamen zahlreiche Pilger nach Kevelaer. Zwischen 1643 und 1645 wurde nach Plänen Hendrick van Arssens eine erste Wallfahrtskirche, die heutige Kerzenkapelle, erbaut. Nach dem Westfälischen Friedensschluss konnte die Kapelle 1649 konsekriert werden. Eine Diözesansynode in Venlo hatte bereits 1647 die Marienerscheinung und acht Wunder bestätigt.

Gnadenkapelle und Basilika

Seit 1646 übten Oratorianer aus dem heute belgischen Wallfahrtsort Scherpenheuvel die Seelsorge in Kevelaer aus. In Anlehnung an ihre Heimat errichteten sie 1654 die Gnadenkapelle als kleinen sechseckigen Kuppelbau in

Gnadenbild

In der Gnadenkapelle

den schlichten Formen eines ländlichen Barock. Wie ein Gefäß umschließt und beschützt die Kapelle das Gnadenbild. Im Jahre 1663 weihte Bischof Albert d'Allamont aus Roermond den Kapellenaltar.

Im Lauf der Jahrhunderte verblasste das Bild, ein kleiner Antwerpener Kupferstich, stark. Es zeigt im Vordergrund die Madonna. Auf dem linken Arm hält sie das Jesuskind mit Krone und Weltkugel, in der Rechten ein Zepter. Seit 1664 schmückt ein vergoldeter Silberrahmen das Gnadenbild. Eine goldene Ehrenkrone, von zwei schwebenden Engeln gehalten, erhielt das Marienbild 1892 im Auftrag des Kapitels von St. Peter in Rom.

Gnadenkapelle

Um den Pilgerscharen ausreichend Raum für die Feier der Gottes-

Basilika

dienste zu geben, errichtete man in der Nordostecke des Kapellenplatzes zwischen 1858 und 1864 die neogotische Basilika St. Maria. Etwa 5.000 Personen finden in der Wallfahrtskirche mit Beichtkapelle und Sakristeiräumen Platz. Die gewaltige dreischiffige Backsteinbasilika mit Querhaus und vier Nebenchören zählt zu den Hauptwerken des Kölner Dom- und Kirchenbaumeisters Vincenz Statz (1819–1898). In den Jahren 1883/84 kam es zum Anbau des 90 Meter hohen Westturms. Eine reiche Ausmalung (1887 bis 1920er Jahre) im Stil altdeutscher, flämischer und italienischer Malerei prägt das Innere und thematisiert das Heilsgeschehen und die Stellung Mariens im Heilsplan Gottes. 1923 wurde die Kirche zur päpstlichen Basilica minor erhoben.

Die Anbindung Kevelaers an das Eisenbahnnetz führte zu einem verstärkten Andrang von Wallfahrern. In der Zeit des preußischen Kulturkampfes (1876–1884) vertrieb man zwar die Wallfahrtsseelsorger, die Pilgerströme aber rissen nicht ab. Im Jahr 1913 sollen bereits 600.000 Pilger das Gnadenbild besucht haben. Auch die beiden Weltkriege führten nicht zu einer dauerhaften Beeinträchtigung der Wallfahrt. Noch immer wachsen die Pilgerzahlen. Heute besuchen jährlich etwa 800.000 Pilger den größten Wallfahrtsort Nordwesteuropas.

Kapellenplatz, 47623 Kevelaer
Tel.: 02832/9338-0 (Wallfahrtsbüro)
Internet: www.wallfahrt-kevelaer.de

A57 aus Richtung Düsseldorf/Ruhrgebiet bzw. Kleve, Ausfahrt Sonsbeck/Kevelaer

Bahnhof Kevelaer an der Strecke Düsseldorf-Krefeld-Kleve (halbstündlich, am Wochenende stündlich)

ganzjährig täglich 10 Uhr Pilgerhochamt (Basilika), 18 Uhr Marienlob im Schein von 150 Kerzen (Kerzenkapelle); im Sommer 15 Uhr Pilgerandacht und Segnung der Andachtsgegenstände (Basilika); Pontifikalämter an den Marienfesten

Klüschen Hagis

Männerwallfahrt am Fest Christi Himmelfahrt

Seit 1957 pilgern Männer aus dem Eichsfeld und dem gesamten Bistum Erfurt jedes Jahr am Festtag Christi Himmelfahrt zur Muttergottes Klüschen Hagis. Mit klaren Worten versucht der Bischof, der traditionell den Gottesdienst hält, die Männer zu stärken und ihnen zu helfen, christliche Antworten auf die Fragen des Alltags zu finden. Gerade in der DDR-Zeit zählte die Männerwallfahrt zu den eindrucksvollsten Glaubensbekundungen, wenn selbst bei schlechtem Wetter zwischen 10.000 und 20.000 Wallfahrer nach Klüschen Hagis pilgerten.

Von einem schon im Mittelalter wüsten Dorf namens Neuenhagen, das unterhalb der Burg Gleichenstein lag, hat sich nur die Kirche erhalten.

Wallfahrtskirche

Menschen pilgerten bereits im ausgehenden Mittelalter zu der einsamen Stätte. Klaus Schuster, ein Einsiedler, lebte seit 1573 neben der Kirche in einer Klause, die in der Mundart der Einheimischen einfach »Klüschen« hieß. Ein Schäfer fand das Gnadenbild dort, wo sich heute die Kapelle erhebt. Die Pietà aus dem 13. Jahrhundert soll in den Wirren der Reformationszeit aus dem nahen Mühlhausen verschwunden sein.

Männerwallfahrt

Zwischen 1768 und 1771 wurde die Wallfahrtskirche vergrößert und erhielt ihre heutige barocke Gestalt. Die Ursprünge des Gotteshauses gehen aber bis in die Zeit zwischen 1100 und 1300 zurück. Eine Statue der Immaculata befindet sich an der Westseite der Kapelle.

Wallfahrtskapelle Klüschen Hagis, 37359 Wachstedt
Tel.: 036075 / 60640 (Kath. Pfarramt Küllstedt)
Internet: www.dingelstaedt.eu

A38 Göttingen-Leipzig, Ausfahrt Leinefelde-Worbis, weiter B247 Richtung Mühlhausen bis Dingelstädt, weiter nach Wachstedt

Bahnhof Silberhausen an der Strecke Leinefelde-Gotha, dort Anschlüsse Richtung Erfurt; vom Bahnhof Silberhausen Rufbus 35A nach Dingelstädt, Umstieg in Bus 36 oder 37 nach Wachstedt

Männerwallfahrt (Christi Himmelfahrt); Klüschenwallfahrt »Mariae Heimsuchung« (Sonntag nach dem 2. Juli); Mariä Aufnahme in den Himmel (15. August) Festhochamt mit den Pilgern der Fußwallfahrt Magdeburg-Klüschen Hagis

Mariabuchen

Das Bild in der Buche

Am Ostrand des Spessart liegt, je rund 35 Kilometer von Aschaffenburg und Würzburg entfernt, die Kleinstadt Lohr am Main. Östlich des Mains in der Gemarkung Sendelbach steht die Wallfahrtskirche Mariabuchen.

Ein Schäfer soll hier vor über 600 Jahren einen Platz gefunden haben, an dem er Ruhe für sein Gebet fand. Der Hirte schnitzte ein Bild der Gottesmutter mit ihrem toten Sohn auf dem Schoß und stellte es in die Asthöhle einer Buche. Im Laufe der Zeit verwuchs der Baum mit dem Marienbild. Mit der Zeit geriet das völlig eingewachsene Bildnis in Vergessenheit.

Eines Tages wollte ein Wanderer den Baum passieren, doch er wurde am Weitergehen gehindert. Da zog er einen Dolch und stach dreimal in den alten Baum. Er hörte eine klagende Stimme »O weh« rufen, und erschrocken zog er sein blutiges Messer aus dem Baum. Aus seiner Schreckstarre konnten ihn erst andere Wanderer befreien. Diese fällten die Buche und fanden das eingewachsene und am Rücken verletzte Vesperbild.

Vermutlich entdeckte man das Marienbild um 1395. Ein in der Nordwand der Kirche eingemauerter Stein weist die Jahreszahl »1406« auf. Die um 1430 erbaute Kapelle erhielt einen Ablassbrief des Würzburger Bischofs. Doch in der Reformationszeit verlor die Wallfahrt an Bedeutung. Erst im 17. Jahrhundert nahm sie neuen Aufschwung, und am Ende des Jahrhunderts genügte die Kapelle den Anforderungen nicht mehr. Der barocke Kirchen-

Kloster Mariabuchen

neubau wurde im Jahre 1701 geweiht. Am linken Seitenaltar findet man das gotische Gnadenbild. Seit 2002 betreuen polnische Minoriten die Wallfahrt. Sie leben im kleinen Kloster neben der Kirche und lösten die seit 1726 hier wirkenden Kapuziner ab.

Kloster Mariabuchen, 97816 Lohr am Main
Tel.: 09352/2714 (Kloster Mariabuchen)
Internet: www.mariabuchen.de

von Süden A3 bis Marktheidenfeld, weiter Richtung Lohr, in Lohr über den Main Richtung Karlstadt, nach Ortseingang Steinbach rechts abbiegen und der Beschilderung folgen; von Westen A3 bis Aschaffenburg, weiter Richtung Lohr (siehe oben)

stündlich Regionalzüge von Würzburg Hbf und Frankfurt/Main Hbf bis Lohr, weiter mit Stadtbus B bis zum ZOB, dann Stadtbus A bis Rombergstr. (Montag-Freitag 6–19 Uhr, Sonnabend 8–14 Uhr), anschließend ca. 3 km Fußweg

Wallfahrtssaison von Ende März bis Oktober; im Mai täglich Maiandachten, im Oktober täglich Rosenkranz

Marienborn

Einer der ältesten Wallfahrtsorte Deutschlands

Mit dem Namen »Marienborn« verbindet sich für viele Menschen die Erinnerung an die deutsche Teilung. Unzählige Reisende erfuhren am Grenzübergang Marienborn die Schikanen des DDR-Grenzregimes. Doch nur Wenige wissen, dass Marienborn zu den ältesten Wallfahrtsorten in Deutschland zählt.

Marienborn liegt zwischen Magdeburg und Braunschweig. Ursprünglich hieß der Ort Mordthal, weil im nahen Lappwald Verbrecher ihr Unwesen trieben. Hier hatte im Jahr 1106 der Hirte Conrad einen Traum. Er sah eine Schar Jungfrauen mit brennenden Fackeln, die sich vor einem Brunnen unter einer Eiche verneigten. Conrad bat Gott, ihm die Bedeutung des Traumes zu offenbaren. So erschien ihm Maria, die sich von ihrem Sohn diesen Platz erbat, damit hier ein Altar errichtet werde. Erst auf dem Sterbebett erzählt der Hirt einem Priester von seinem Erlebnis. Bald verbreitete sich die Geschichte, und am Brunnen geschahen Heilungen. Geistliche fanden im Brunnen eine Marienfigur, die sie an der Eiche aufstellten. Zunächst errichtete man einen Altar und bald darauf, um 1190, eine Kapelle. Und aus Mordthal wurde Marienborn.

Marienkapelle

In der Reformationszeit hörte die Wallfahrt auf. Der Braunschweiger Bankier Gustav Löbbecke erwarb 1822 das

Das Zelt des wandernden Gottesvolkes

drei Wochen vor seiner Wahl zum Papst, vor dem Gnadenbild.

Den Neubau einer allen Pilgern Platz bietenden Kirche verschob man immer wieder. Schließlich gab der Kölner Erzbischof Joseph Kardinal Frings den Anstoß dazu. Das Äußere der von 1966 bis 1968 errichteten Kirche erscheint wie ein riesiges Zelt, Symbol für das durch die Zeiten wandernde Gottesvolk. Das kleine Gnadenbild befindet sich heute in der 1971 geschaffenen Mariensäule.

Löher Straße, 42553 Velbert-Neviges
Tel.: 02053/931850 (Kath. Pfarramt),
02053/9318-0 (Franziskanerkloster)
Internet: www.mariendom.de, www.neviges.de

A44 Düsseldorf-Essen, Ausfahrt Velbert-Nord, B224 Richtung Sonnborner Kreuz nach Velbert-Neviges, Ausfahrt Velbert-Tönisheide

S9 Wuppertal-Essen bis Haltepunkt Velbert-Neviges (Montag bis Freitag 20-Minuten-Takt, abends und am Wochenende 30-Minuten-Takt)

Wallfahrtszeit von Mai bis Ende Oktober; Pontifikalamt zur Wallfahrtseröffnung am 1. Mai; Kroatenwallfahrt am Pfingstmontag; Polenwallfahrt (verschiedene Termine); Mutter-Anna-Wallfahrt der Schlesier; Festgottesdienste an den Marienfesten

Rosenthal

Wallfahrt zu »Maria von der Linde«

Knapp 10 Kilometer östlich von Kamenz liegt der kleine Ort Rosenthal, der für das Bistum Dresden-Meißen eine große Bedeutung hat. Das im Kernsiedlungsgebiet der Sorben liegende Dorf wurde durch seine Wallfahrtskirche auch in den Nachbarländern bekannt. Im Dunkel der Geschichte liegt der Beginn der Wallfahrt. Die Ersterwähnung der Kapelle im 15. Jahrhundert und die kunstgeschichtliche Einordnung des Gnadenbildes legen die Entstehung der Wallfahrt in der zweiten Hälfte des 15. Jahrhunderts nahe.

Äbtissin Klara Trautmann aus dem nahegelegenen Kloster St. Marienstern ließ die heutige Kirche von 1776 bis 1778 als dreischiffige Anlage errichten. Halbkreisförmig schließt im Osten der Chor den Bau ab. Ein hohes Walmdach und die charakteristische Turmhaube bestimmen das Äußere. Am 1. Mai 1945, kurz vor Ende des Zweiten Weltkrieges, brannte die Kirche bis auf Gewölbe und Umfassungsmauern nieder. Doch das Gnadenbild, eine nur 22 Zentimeter große Marienfigur mit Kind, konnte gerettet werden. Heute ist es Bestand-

»Maria von der Linde«

teil des im Jahre 1910 geschaffenen neobarocken Hochaltares, der aus dem Kloster St. Marienthal übernommen wurde.

Sorbische Wallfahrt nach Rosenthal

Seit Jahrhunderten ziehen an den großen Wallfahrtstagen die sorbischen Gemeinden in langen Pilgerzügen zur »Maria von der Linde«. Fahnen werden mitgeführt und eine Marienstatue, die von den »Druschken«, jungen Mädchen in sorbischer Tracht, getragen wird. Nach dem Zweiten Weltkrieg kamen Diözesanwallfahrten hinzu, an denen vor allem die zahlreichen katholischen Heimatvertriebenen aus Schlesien und dem Sudetenland teilnahmen. Den Fall der Mauer 1989 dankten die Gläubigen des Bistums Dresden-Meißen ihrem Gnadenbild »Maria von der Linde« mit einer Dankwallfahrt.

Am Marienbrunnen 11, 01920 Ralbitz-Rosenthal
Tel.: 035796 / 95727 (Pfarramt Ralbitz)
Internet: www.ralbitz-rosenthal.de/wallfahrt.php

A4 Dresden-Görlitz, Ausfahrt Uhyst, weiter über Siebitz und Crostwitz nach Rosenthal

von Dresden nach Kamenz (stündlich); weiter mit Bus 187 Richtung Königswartha bis Rosenthal

Sorbische Wallfahrten an den Marienfesten (besonders am 15. August), am Osterdienstag und am Pfingstmontag; Diözesanwallfahrten des Bistums Dresden-Meißen

Sammarei

Deutsches Loreto in Ortenburg

Bayerisches Assisi oder Deutsches Loreto, so wird die Wallfahrtskirche in Sammarei liebevoll genannt. Sammarei ist eine sprachliche Umformung von »Sancta Maria«. Heute gehört das kleine Dorf mit seinen 300 Einwohnern zu Ortenburg, einem 20 Kilometer westlich von Passau gelegenen Markt.

Mit Assisi und Loreto verbindet den bayerischen Wallfahrtsort die Besonderheit einer »Kirche in der Kirche«. In Sammarei besaß das Zisterzienserkloster Aldersbach einen Hof mit einer dazugehörigen, aber wenig beachteten Holzkapelle. Bis zum Jahr 1619: Damals brannte der Bauernhof ab. Von den umstehenden Bäumen fielen brennende Äste auf das Kapellendach. Doch das kleine Gotteshaus blieb verschont. Ein bei der Kapelle stehender, durch das Feuer vollkommen verdorrter Apfelbaum blühte schon im nächsten Jahr wieder und trug Früchte. Der Abt des Klosters Aldersbach schickte die Äpfel an den kurfürstlichen Hof und erbat sich die Erlaubnis, um die wundersam verschonte Kapelle eine Kirche erbauen zu dürfen. So bekam Sammarei seine »Kirche in der Kirche«.

Votivtafeln

Schon 1631 wurde die Kirche geweiht. Schnell entwickelte sie sich zu einem der bedeutendsten Wallfahrtsziele Deutschlands. Auch heute kommen die Gläubigen zahlreich, besonders zu den großen Marienfesten. In den letzten Jahren hat die Zahl der Pilger deutlich zugenommen. Viele Votivtafeln in und an der Gnadenkapelle sowie im Chor der Kirche zeugen vom Vertrauen der Menschen in die Fürbitte der Gottesmutter. Die Gnadenkapelle selbst kann man nur gebückt betreten. Wenig Licht fällt durch die Dachluken und taucht den Raum in ein Geborgenheit vermittelndes Halbdunkel.

Wallfahrtskirche Sammarei

OT Sammarei, 94496 Ortenburg
Tel.: 08542/653 (Kath. Pfarramt)
Internet: www.wallfahrtsland-sammarei.de

A3 Regensburg-Passau, Ausfahrt Vilshofen, weiter durch Vilshofen nach Ortenburg, auf der Umgehungsstraße bleiben und nach Rainding/Sammarei abbiegen

Bahnhof Vilshofen an der Strecke Regensburg-Passau mit stündlichen Regionalzügen nach München und Passau; weiter Bus 6108 bis Ortenburg Marktplatz, Umstieg in Bus 6125 Richtung Bad Griesbach i. Rottal bis Sammarei

Marienfeste, besonders 1. Mai und 15. August; Fatimatage am 13. eines jeden Monats; ganzjährig täglich 15.30 Uhr Rosenkranz und 16 Uhr Wallfahrtsgottesdienst

Telgte

Deutschlands größte Fußwallfahrt

Jedes Jahr am 2. Juliwochenende pilgern rund 8.500 Wallfahrer rund 40 Kilometer zu Fuß von Osnabrück nach Telgte. Am Abend des ersten Tages erreichen die Pilger ihr Ziel. Nach den Pilgermessen am frühen Sonntagmorgen läuft man wieder zurück. Im Jahr 2015 kamen sogar etwa 11.000 Wallfahrer, um sich an Deutschlands größter Fußwallfahrt mit einem mehr als zwei Kilometer langen Wallfahrtszug zu beteiligen. Von Münster und Warendorf nach Telgte führen zwei weitere historische Routen der Telgter Wallfahrt.

Die Pilger ziehen zum Gnadenbild der schmerzhaften Muttergottes. Vermutlich schenkte ein in Lübeck lebender Kaufmann aus Telgte das um 1370 entstandene Bild für das Grab seiner Eltern auf dem Friedhof in Telgte. Bald fanden sich Beter vor dem Marienbild ein, das 1466 ein schützendes Dach erhielt. Doch die Tradition der Wallfahrten nach Telgte begann erst 1651. In jenem Jahr ordnete Münsters Fürstbischof Christoph Bernhard von Galen Prozes-

Osnabrücker Wallfahrt nach Telgte

sionen von Münster und Warendorf nach Telgte an. Telgte wurde zum Hauptwallfahrtsort des Bistums ernannt, und 1654 legte man den Grundstein für die Wallfahrtskapelle. Der historische Wallfahrtsweg von Münster nach Telgte wurde von 1658 bis 1663 angelegt. Entlang der Bundesstraße 51 zeigen fünf doppelseitige Bildstöcke schmerzliche und freudige Ereignisse aus dem Leben Mariens. Einen ähnlichen Weg legte man von Warendorf nach Telgte an.

Gnadenbild

Die in unmittelbarer Nähe der Propsteikirche St. Clemens gelegene Marienkapelle entstand zwischen 1654 und 1657 als sechseckiger, kuppelgekrönter Bau. Ein Chor wurde 1763 angefügt. Das Innere der Kapelle wurde mehrfach, zuletzt im Jahr 2004, umgestaltet.

Marienkapelle, Kardinal-von-Galen-Platz 1, 48291 Telgte
Tel.: 02504/93231-11 (Kath. Propsteipfarramt)
Internet: www.st-marien-telgte.de/index.php/telgter-wallfahrt-98.html; www.wallfahrt-nach-telgte.de (Osnabrücker Wallfahrt)

A1 Köln–Bremen oder A 43 Wuppertal–Münster bis Münster, weiter B 51 Münster–Osnabrück ca. 12 km bis Telgte

Bahnhof Telgte an der Strecke Münster-Bielefeld (stündlich Regionalzüge in beide Richtungen)

von Ende April bis Ende Oktober; Wallfahrtskapelle und Kirche ganzjährig täglich von 7.30 Uhr bis 19.30 Uhr geöffnet; Kutschenwallfahrt zu Christi Himmelfahrt; am zweiten Wochenende nach Peter und Paul Osnabrücker Fußwallfahrt

Vallendar-Schönstatt

Wallfahrt zur »Dreimal Wunderbaren Mutter«

In Schönstatt, einem Ortsteil der Stadt Vallendar bei Koblenz, erwarben die Pallottiner im Jahre 1901 ein schon im 17. Jahrhundert aufgegebenes Kloster der Augustinerinnen und verlegten einen Teil ihrer Missionsschule aus Koblenz hierher. Mit der Ernennung von Pater Joseph Kentenich (1885–1968) zum Spiritual begann 1912 eine neue Epoche.

Das »Urheiligtum«

Pater Kentenich hielt in der Michaelskapelle, der alten Friedhofskapelle des Klosters und heutigem »Urheiligtum«, am 18. Oktober 1914 einen Vortrag. Er legte den Mitgliedern der Marianischen Kongregation seine Überzeugung dar, dass Maria diese Kapelle zu einem Gnadenort umgestalten und ein Liebesbündnis mit allen Anwesenden schließen wolle. Aus diesen Anfängen erwuchs eine Bewegung, die sich die geistliche Erneuerung der katholischen Kirche zur Aufgabe machte. Heute widmet sich die in 130 Ländern verbreitete Schönstattbewegung vor allem den Themen Jugend, Ehe und Familie sowie sozialen Fragen.

Einige Monate nach der denkwürdigen Predigt Pater Kentenichs kam das Bild der »Dreimal Wunderbaren Mutter« in die Kapelle, der Nachdruck eines Gemäldes vom Ende des 19. Jahrhunderts. Pater Kentenich erweiterte den ursprünglich durch den Jesuiten Jakob Rem im 17. Jahrhundert geprägten Marientitel durch den Zusatz »Königin und Siegerin von Schönstatt«.

Heute gibt es weltweit über 190 Nachbauten der Marienkapelle. Im Jahr 1999 wurde die große Pilgerkirche errichtet, die 1350 Plätze bietet. Sie zeugt von der andauernden Anziehungskraft und Lebendigkeit Schönstatts.

Lichterprozession am Fest Mariae Himmelfahrt

Am Marienberg 1, 56179 Vallendar/Rhein
Tel.: 0261/96264-0 (Pilgerzentrale)
Internet: www.schoenstatt-info.de

A48 ab Autobahnkreuz Koblenz Richtung Dreieck Dernbach bis zur Ausfahrt Bendorf/Neuwied, weiter B42 Richtung Vallendar

Bahnhof Vallendar an der rechten Rheinstrecke zwischen Koblenz und Bonn, weiter mit Bus 7 Richtung Höhr-Grenzhausen bis Vallendar-Schönstatt

Hauptwallfahrtszeit von Mai bis Oktober

Wemding

Wallfahrt zu »Maria Brünnlein zum Trost«

Knapp 20 Kilometer östlich von Nördlingen liegt die Kleinstadt Wemding. Der Wemdinger Schuhmacher Franz Forell brachte um das Jahr 1680 von einer Pilgerreise nach Rom ein Marienbild mit, das er in seinem Haus aufstellte. Seine Verwandten hielten die Marienstatue in hohen Ehren. Schlagartige Bekanntheit erlangte die Madonna, als ein berittener Soldat, der von heftigen Kopfschmerzen geplagt wurde, vor der Figur betete und geheilt wurde. Viele Pilger kamen nach Wemding, und zahlreiche Heilungen geschahen, so dass man für die aus Holz geschnitzte Madonna über einer Quelle eine »Maria Brünnlein« genannte Kapelle erbaute. Zwar bot die Kapelle nur sechs Personen Platz, doch der Pilgerstrom nahm weiter zu, und immer neue Heilungen geschahen. Die zunächst

Wallfahrtskirche »Maria Brünnlein zum Trost«

skeptischen Kirchenoberen gaben schließlich ihre Zustimmung zum Bau einer Kirche. Über 8000 Menschen wohnten 1748 der Grundsteinlegung für die große Rokokokirche bei, die erst 1782 geweiht wurde. Heute ist Wemding der bedeutendste Wallfahrtsort im Bistum Eichstätt und der nach Altötting populärste Bayerns. Papst Johannes Paul II. erhob die Kirche 1998 zur »Basilica minor«.

Blick zum Gnadenaltar

Im Zentrum der Kirche steht der 1756 vollendete Gnadenaltar mit der Marienstatue, der wohl einzige Quellaltar der Welt. Beachtung verdienen auch die Rokokokanzel mit den personifizierten Tugenden Glaube, Hoffnung und Liebe und das Deckenfresko mit dem Titel »Wasser des Lebens«.

Oettinger Str. 103, 86650 Wemding
Tel.: 09092/9688-0 (Wallfahrtsbüro)
Internet: www.maria-bruennlein.de

B2 Nürnberg-Augsburg bis Monheim, hier nach Wemding abbiegen

Bahnhof Donauwörth mit halbstündlichen Verbindungen nach Augsburg und stündlichen Verbindungen nach Nürnberg, Regensburg und Ulm; weiter mit Bus 700 nach Wemding

von Mai bis Oktober Fatima-Tage an jedem 13. eines Monats; Christi Himmelfahrt; Mariä Himmelfahrt

Werder (Havel)

Wallfahrt zu Maria Meeresstern

Reizvolle Obstplantagen und Wasserflächen prägen die Umgebung der bei Potsdam gelegenen Kleinstadt Werder. Auf einer Havelinsel entstand ein Dorf, das zum Besitz des Klosters Lehnin gehörte und 1459 Stadtrecht erhielt. Seit der Mitte des 19. Jahrhunderts siedelten sich Katholiken in Werder an. Sie hatten in Ziegeleien oder im Obst- und Gemüseanbau Arbeit gefunden. Eine neoromanische Backsteinkirche, finanziert durch Spenden aus ganz Deutschland, wurde in den Jahren 1905 und 1906 erbaut und auf den Namen Maria Meeresstern geweiht. Damit nahm man Bezug auf das vorreformatorische Gotteshaus und die Landschaft.

Der 35 Meter hohe Fassadenturm steht direkt am Havelufer. Motive aus der Lauretanischen Litanei zieren die Fenster. Die Marienstatue vom ehemaligen Hochaltar hat jetzt einen Platz rechts neben dem Triumphbogen gefunden. Heute ist die Gottesmutter in der Kirche Maria Meeresstern Ziel einer regional bedeutenden Wallfahrt der Katholiken des Erzbistums Berlin am Fest Mariä Himmelfahrt. Die Kirche ist Gottesdienststelle der Propsteigemeinde St. Peter und Paul in Potsdam.

Ihren Ursprung verdankt die Wallfahrt dem Buchhändler Paul Dolata aus dem nahen Brandenburg. Nach einem Besuch der Kirche im Jahr 1936 war er von seiner Tbc-Erkrankung geheilt worden. Er gab 1941 das Versprechen, bei gesunder Rückkehr aus dem Krieg eine Wallfahrt zum Patronatsfest nach Werder zu unternehmen. Bereits ein Jahr später reiste er mit Familie und Kirchenchor an. Die

Kolpingfamilien des Erzbistums Berlin kommen noch heute zur Gottesmutter nach Werder.

Uferstr. 6, 14542 Werder (Havel)
Tel.: 0331/230799-0 (Kath. Pfarramt Potsdam)
Internet: www.peter-paul-kirche.de

A2 Magdeburg–Potsdam, am Dreieck Werder auf die A10 bis Groß-Kreuz, weiter B 1 in Richtung Werder, in Werder weiter ins Stadtzentrum (Havelinsel)

Bahnhof Werder mit halbstündlichen Verbindungen nach Berlin Zoologischer Garten und stündlichen Verbindungen nach Magdeburg Hbf

Wallfahrt der Katholiken des Landes Brandenburg am Fest Mariä Himmelfahrt; Wallfahrten der Kolpingfamilien des Erzbistums Berlin

Werl

Wallfahrt zur »Trösterin der Betrübten«

Vermutlich um 1170 in Schweden entstand das in Werl verehrte Gnadenbild der »Trösterin der Betrübten«. Würdevoll sitzt die romanische Maria mit dem Jesuskind auf einem Ringpfostenstuhl. Im Mittelalter blieb ein solcher Stuhl hohen Würdenträgern vorbehalten. Glasstücke und Schmuckstreifen zieren das Gewand der Gottesmutter. Strenge Symmetrie prägt das Bild.

»Maria – Trösterin der Betrübten«

Die kleine Statue kam auf Umwegen in das rund 30 Kilometer östlich von Dortmund gelegene Werl. Zuerst verehrt wurde das Bild im nahen Soest. Doch im Reformationszeitalter nahm Soest die evangelische Lehre an, das Marienbild kam auf den Kirchenboden.

Vergessen war das Bild damit jedoch nicht. Als Soester Bürger in den Wäldern des Kölner Erzbischofs Maximilian Heinrich einen Jagdfrevel begingen, forderte der Erzbischof auf den Rat des Werler Bürgermeisters Hermann Brandis als Wiedergutmachung die Herausgabe des Gnadenbildes. So kam die Madonna 1661 nach Werl.

Zu dem im Jahr 1911 gekrönten Wallfahrtsbild strömen jährlich etwa 250.000 Pilger. Damit gehört Werl zu den bedeutendsten deutschen Pilgerzielen. Dennoch ist die Stadt beschaulich geblieben.

Wallfahrtskirche Mariae Heimsuchung

Besonders der Kreuzwegplatz hinter der Basilika beeindruckt die Pilger mit seiner meditativen Ruhe.

Seit 1849 betreuen Franziskaner die Wallfahrt. Zwischen 1904 und 1906 entstand die große neoromanische Wallfahrtskirche, 1953 von Papst Pius XII. zur »Basilica minor« erhoben. Erhalten blieb auch die alte, spätbarocke Wallfahrtskirche (1786–1789) mit dem bemerkenswerten Drehtabernakel.

Klosterstr. 17, 59457 Werl
Tel.: 02922/982-116 (Wallfahrtsleitung) oder 982-0 (Klosterpforte)
Internet: www.wallfahrt-werl.de

A44 Kassel-Dortmund bis Kreuz Werl, weiter A445 bis zur Ausfahrt Werl-Zentrum

Bahnhof Werl an der Strecke Dortmund-Soest (Montag bis Freitag halbstündlich, am Wochenende stündliche Verbindungen)

Hauptwallfahrtszeit: Mai bis Oktober; Antonius-Dienstage (die neun Dienstage vor der Karwoche); Patronatsfest und Lichterprozession: Sonntag nach Mariä Heimsuchung (2. Juli)

Würzburg

Wallfahrt zur Schmerzensmutter

Gegenüber der Würzburger Festung Marienberg schmiegt sich die Wallfahrtskirche »Käppele« an den Hang des Nikolausberges. Der etwas eigenartige Name bedeutet nichts weiter als »Kapelle«. Zusammen mit dem terrassenartig gegliederten Kreuzweg bildet die Wallfahrtskirche einen wesentlichen Teil der Würzburger Stadtlandschaft.

Der Sohn eines Würzburger Mainfischers stellte 1640 auf dem Nikolausberg, damals ein Weinberg, ein Vesperbild auf. Hier betete er um ein Ende des Dreißigjährigen Krieges. Bald kamen auch Hirten und Bauern aus der Umgebung, um vor dem Marienbild zu beten und es mit Blumen zu schmücken. Nachdem vier wunderbare Heilungen nach Gebeten vor dem Marienbild bestätigt worden waren, ließ Fürstbischof Johann Phillip von Schönborn im Jahr 1650 eine Gnadenkapelle errichten.

Mehrere Lichterscheinungen an der Kapelle verstärkten den Zulauf der Wallfahrer. Doch erst als

Das »Käppele« am Hang des Nikolausberges

Kreuzwegstation

Wallfahrtskirche

1747 die Kapuziner die Seelsorge am »Käppele« übernahmen, kam es zum Bau einer neuen Kirche. Balthasar Neumann erbaute die Wallfahrtskirche zwischen 1747 und 1750 auf kreuzförmigem Grundriss. Die zierliche Doppelturmfront gibt dem Äußeren einen besonderen Reiz. Das Gnadenbild steht in der ab 1747 zum Seitenschiff umgebauten alten Gnadenkapelle. Von der Gnadenkapelle gelangt man in den Mirakelgang. Hier belegen zahlreiche Votivgaben die bis heute große Bedeutung der Wallfahrt.

Nikolausberg, 97082 Würzburg
Tel.: 0931/7940776-0 (Kapuzinerkloster)
Internet: www.kaeppele-wuerzburg.de

A3 oder A7 bis Würzburg

Würzburg Hbf mit zahlreichen Fernverbindungen Richtung Hamburg/Bremen, Ruhrgebiet/Rheinland, Frankfurt/Main, Regensburg/Passau und Nürnberg/München

Mai bis September; Mariä Heimsuchung (2. Juli): Sieben Schmerzen Mariens (15. September)

Ziemetshausen

Wallfahrt zu Maria Vesperbild

Jakob von St. Vincent, Pfleger der Herrschaft Seyfriedsberg und Oberstjägermeister der Markgrafschaft Burgau, wollte danken, dass er den schrecklichen Dreißigjährigen Krieg unbeschadet überstanden hatte, als er 1650 eine Feldkapelle an seinem Schlossberg bei Ziemetshausen errichtete und darin ein Bild der Muttergottes in ihren tiefsten Schmerzen aufstellte. Etliche fromme Leute vertrauten ebenfalls dem Vesperbild und pilgerten in ihren Anliegen zu der Marienkapelle. Ihre Zahl nahm zu, sodass 1673 eine größere Kapelle und 1725 eine Wallfahrtskirche zu Maria Vesperbild gebaut wurden, die 1754 durch einen standfesteren Neubau ersetzt wurde. Seit 250 Jahren zieht sie nun schon die Wallfahrer ins Mittelschwäbische – jährlich kommen rund 500.000 –, und manche Votivtafel erzählt von Erhörung der Gebete.

Gnadenbild

Der Weg führt aus dem Dorf heraus, zwischen den Wiesen hinab in den Talgrund und gleich wieder hinauf zur Wallfahrtskirche Maria Vesperbild, die man schon von weitem sieht. Ein lichter Zentralbau empfängt den Pilger, in barocker Pracht reich dekoriert. Unwillkürlich fällt der Blick auf das Gnadenbild, die Muttergottes mit ihrem entseelten Sohn auf dem Schoß. Das Deckenfresko zeigt den Moment der Kreuzabnahme. Der Arm des toten Jesus weist auf den Tabernakel, dort ist er weiterhin präsent in der Welt. Die Muttergottes zeigt indes hinauf zum himmlischen Vater, der auch in schwierigen Situationen alles zum Besten fügt. In einem Medaillon im Chor sieht man Maria auch als Braut des Heiligen Geistes, die sich seiner inspirierenden, lebensschaffenden Kraft anvertraut hat – eine eher seltene Darstellung mit tiefem theologischem Gehalt.

Rechter Seitenaltar

Schellenbacher Str., 86473 Ziemetshausen
Tel.: 08284/8038 (Wallfahrtsdirektion)
Internet: www.maria-vesperbild.de

A8 Stuttgart–München, Ausfahrt Zusmarshausen, weiter über Zusmarshausen, Dinkelscherben, Uttenhofen und dann in Richtung Langenneufnach

zahlreiche Fernverbindungen bis Augsburg Hbf, weiter mit Buslinie 600 (Augsburg-Krumbach-Express): an Sonn- und Feiertagen direkt bis Maria Vesperbild; Montag–Freitag nach Ziemetshausen, dort weiter mit FLEXIBUS (telefonische Bestellung: 08281/9986100)

Fatimapilgertage an jedem 13. eines Monats; Lichterprozessionen am Pfingstsonntag und zu Mariä Himmelfahrt; ganzjährig täglich mehrere Messen, Rosenkranzgebet und Beichtgelegenheit

Marienwallfahrtsorte in Österreich, Südtirol und der Schweiz

Gutenstein
Mariazell
Maria Saal
Riffian
Maria Weißenstein
Zwettl
Freistadt
Waldviertel
Krems
Hollabrunn
Mistelbach
Korneuburg
Klosterneuburg
Herzogenburg
Linz
Enns
St. Pölten
Wien
Schwechat
Neulengbach
Amstetten
Wilhelmsburg
Mödling
Steyr
Waldhofen
Bruck
Eisenstadt
Wiener Neustadt
Neunkirchen
Ternitz
Ennstaler Alpen
Kapfenberg
Leoben
Knittelfeld
Voitsberg
Graz
Riegersburg
Güssing
Wolfsberg
St. Andrä
Völkermarkt
Klagenfurt
Lago di Resia
Malles Venosta
(Mals)
Silandro
(Schlanders)
Naturno
(Naturns)
Laces
(Latsch)
Merano
(Meran)
Lana
Vipiteno
(Sterzing)
Campo Tures
(Sand in Taufers)
Valle Aurina
(Ahrntal)
Brunico
(Bruneck)
Rienza
Isarco
Bressanone
(Brixen)
Sarentino
(Sarntal)
Chiusa
(Klausen)
Renon
(Ritten)
Castelrotto
(Kastelruth)
Bolzano
(Bozen)
S. Michele
(St. Michael)
Laives
(Leifers)
Caldaro sulla Strada del Vino
(Kaltern a. d. Weinstr.)
Adige

Bergheim/Maria Plain

Wallfahrt zu Maria Trost

Schon von weitem sieht der Pilger die nur wenig nördlich von Salzburg gelegene Wallfahrtsbasilika Maria Plain auf dem 562 Meter hohen Plainberg. Seit 1652 verehrt man hier das Gnadenbild »Maria Trost«.

1633, mitten im Dreißigjährigen Krieg, brannten die Schweden den Ort Regen im Bayerischen Wald nieder. Aus den Trümmern einer Bäckerei zog man ein unversehrtes Marienbild hervor. Viele wollten in den Besitz des Bildes gelangen, das den Flammen getrotzt hatte. Schließlich erwarb die Familie von Grimming das Bildnis der Gottesmutter. Über Umwege gelangte es auf ihren Gutshof Plain bei Salzburg. Bald pilgerten zahlreiche Gläubige zum Gnadenbild, das in einem einfachen Kasten auf dem Hof stand. Als Rudolph von Grimming seine Güter verlor, wanderte er ins Allgäu aus und nahm das Gnadenbild mit. In Maria Plain verblieb eine Kopie – trotzdem kam es weiterhin zu Gebetserhörungen.

Gnadenbild

Einer ersten, um 1653 erbauten Holzkapelle folgte von 1671 bis 1673 die heutige Kirche. Zur Pflege der Wallfahrt gründete sich 1681 die Bruderschaft »Maria Trost«. Kalvarienbergkapellen und die »Ursprungskapelle« kamen hinzu. Die Wall-

Hochaltar

Wallfahrtskirche

fahrt nahm an Bedeutung zu, doch erst 1732 kam das originale Gnadenbild nach Maria Plain zurück. Als das Erzstift Salzburg im Österreichischen Erbfolgekrieg bedroht war, legte das Domkapitel ein Gelübde ab: Wenn das Land verschont wird, dann wird das Gnadenbild gekrönt. Im Jahr 1751 erhielten sowohl Maria als auch das Jesuskind eine Krone.

Plainbergweg 38, A-5101 Bergheim
Tel.: +43(0)662/4501940 (Kath. Pfarramt)
Internet: www.mariaplain.at

A8 München-Salzburg oder A1 Wien-Salzburg, Ausfahrt Salzburg-Nord (A1), weiter B156 Richtung Braunau, nach 300 Metern links abbiegen und ca. 3 Minuten Fahrt durch den Wald bis Maria Plain

Fernverbindungen innerhalb Österreichs und aus Deutschland nach Salzburg Hbf; weiter mit Taxi (ca. 5 Minuten Fahrzeit)

Marienfeste, v.a. 15. August (Mariä Himmelfahrt mit Lichterprozession am Vorabend), 12. August (Kirchweihfest), Plainer Krönungsfest (5. Sonntag nach Pfingsten), Monatswallfahrten am Sonnabend nach dem Herz-Jesu-Freitag

Gutenstein/Mariahilfberg

Wallfahrt zu Maria, Hilfe der Christen

Bei Gutenstein im südlichen Niederösterreich liegt der Mariahilfberg. Auf der 708 Meter hohen Erhebung thronen die Wallfahrtskirche Mariahilfberg und das dazugehörige Servitenkloster.

Sebastian Schlager, dem Marktrichter von Gutenstein, erschien im Jahr 1661 im Traum mehrfach die Jungfrau Maria. Sie forderte ihn auf, ein Marienbild malen zu lassen und es an einem Baum am nahen Buchschachenberg anzubringen. Bald geschahen dort wundersame Dinge, ein Kranker wurde geheilt und Pilger suchten das Marienbild auf. Nach Prüfung der Vorgänge begann man im Jahre 1668 mit dem Bau einer Kirche. Wenig später folgte ein Servitenkloster. Noch heute leben hier Serviten und sind als Wallfahrtsseelsorger tätig. Der Berg, auf dem die Kirche steht, bekam im Lauf der Zeit den Namen »Mariahilfberg«.

Lourdes-Grotte

Nach einem Brand, den das Gnadenbild unbeschadet überstand, errichtete man die heutige Barockkirche. Wo sich der Hochaltar befindet, stand früher die Buche mit dem Marienbild. Es zeigt – als Bild im Bild und von weitem kaum erkennbar – das an einem Baum hängende Marienbildnis. Die Seitenaltäre

Wallfahrtskirche Mariahilfberg

sind z. B. dem Sterben Jesu, das den armen Seelen im Fegefeuer die Erlösung bringt, Maria oder den hl. Johannes Nepomuk geweiht.

Ein religiöser Landschaftsgarten umgibt das Klostergelände. Zu entdecken gibt es einen Kreuzweg, zahlreiche Bildstöcke, Grotten und Höhlen. Die »Sieben-Väter-Grotte« ist jenen sieben Bürgern der italienischen Stadt Florenz geweiht, die 1233 den Servitenorden gründeten. In der Magdalenengrotte überraschen zahlreiche Spiegel mit ihren eigentümlichen Effekten.

Servitenkloster Mariahilfberg, Mariahilfberg 13, A-2770 Gutenstein
Tel.: +43(0)2634/7263
Internet: www.mariahilfberg.at

A2 Wien–Wiener Neustadt, Ausfahrt Wöllersdorf, weiter B21 bis Gutenstein

stündliche Verbindungen von Wien Hbf mit Umstieg in Wiener Neustadt Hbf nach Gutenstein

Gedächtnis der Schmerzen Mariens (15. September) am dritten Sonntag im September; »gelobte Wallfahrten« aus Orten der Umgebung (z. B. Pottensteiner Wallfahrt im August)

Maria Saal

Wallfahrtskirche Mariä Himmelfahrt

Heute thront im kärntischen Maria Saal das Gnadenbild, eine um 1420 geschaffene Madonna, in der Mitte des Hochaltars. Die Legende berichtet, dass bereits um das Jahr 1000 ein Gnadenbild nach Maria Saal kam. Adalbert von Prag brachte die Madonna aus Italien mit. Nach seinem Tod, als zwei Adlige das Bild zurückbringen sollten, verweigerten die Pferde bei Villach ihren Dienst und brachten das Marienbild nach Maria Saal. Neben Maria erfährt hier auch der hl. Modestus besondere Verehrung. Der Salzburger Bischof sandte ihn nach Kärnten, wo er als Landesapostel gilt. Sein Grab befindet sich in der Wallfahrtskirche.

Der Vorgängerbau aus dem 8. Jahrhundert machte Maria Saal zum geistigen Zentrum der Region. 1669 zerstörte ein Feuer dieses Gotteshaus fast vollständig; die neue Kirche entstand in ihrer heutigen spätgotischen Form. Weithin sichtbar ragen seit 1674 die beiden mächtigen Türme auf. Besondere Schmuckstücke der Kirche sind zwei gotische Flügelaltäre. Der Arndorfer Altar aus dem Jahr 1520 zeigt Szenen aus dem Leben Mariens, der Mutter Anna, andere hei-

Der Hochaltar mit dem Gnadenbild

lige Frauen und die 14 Nothelfer. Auf dem um 1526 geschaffenen Altar im rechten Seitenschiff ist der hl. Georg zu sehen.

Jährlich finden mehrere traditionelle Wallfahrten statt, so z. B. die Bauernwallfahrt im Juni, die »Rossmesse« mit Pferdesegnungen am Stefanitag (26. Dezember) oder der Große Frauentag (Mariä Himmelfahrt, 15. August) mit Kräutersegnung.

Wallfahrtskirche Mariä Himmelfahrt

Domplatz 1, A-9063 Maria Saal
Tel.: +43(0)4223/2254
Internet: www.kath-kirche-kaernten.at/mariasaal

A2 Graz-Villach, Ausfahrt Klagenfurt-Nord, weiter Richtung St. Veit bis Maria Saal

S1 Klagenfurt Hbf Richtung Friesach bis Maria Saal (3 Stationen), halbstündliche Verbindungen in beide Richtungen

von Ostern bis Pfingsten, besonders Ostermontag, Barmherzigkeitssonntag und Pfingstmontag; Mariä Himmelfahrt (15. August); Rossmesse mit Pferdesegnung (26. Dezember)

Maria Taferl

Wallfahrt zur Schmerzhaften Muttergottes

Maria Taferl ist der bedeutendste Wallfahrtsort Niederösterreichs. Die Wallfahrtskirche liegt weithin sichtbar auf einer Anhöhe über dem Donautal. Ihren Namen verdankt sie einem Bildstock der Gnadenmutter, dem »Taferl«. Der Überlieferung nach wurde der Bildstock von einem Förster gestiftet, der von einer schweren Krankheit geheilt wurde.

Schmerzhafte Muttergottes

Schon lange beteten Menschen am »Taferl«. Die Darstellung des Kreuzes mit Maria und Johannes hing an einer dürren Eiche. Als der Hirte Thomas Pachmann den verdorrten Baum fällen wollte, verletzte er sich. Auf sein Gebet hin kam die Blutung zum Stillstand. Einige Jahre später hörte ein von Depressionen geplagter Richter eine Stimme. Diese befahl ihm, eine Marienfigur aus seinem Haus zum »Taferl« zu bringen. Noch vier Jahre dauerte es, dann wurde der Richter wieder gesund. Die Eiche begann wieder zu grünen, das Gnadenbild zog Pilger an, und so begann man mit dem Bau einer Kirche.

Finanziert wurde die zwischen 1660 und 1710 errichtete Barockkirche durch die Opfer der Wallfahrer. Im Zentrum des 1738 geschaffenen Hochaltars aus feuervergoldetem Silber, Marmor und

Maria Taferl thront über dem Donautal

Kunstmarmor befindet sich die Gnadenstatue, eine Pietà. In der Schatzkammer sind die Geschenke zu sehen, die Wallfahrer zum Dank für Heilungen stifteten. Die Fresken an den Wänden stellen wunderbare Heilungen und Rettungen dar. Jedes Jahr pilgern bis zu 300.000 Wallfahrer nach Maria Taferl.

Nr. 1, A-3672 Maria Taferl
Tel.: +43(0)7413/278 (Pfarr- und Wallfahrtsbüro)
Internet: www.basilika.at

A1 Wien-Linz, Ausfahrt Pöchlarn, weiter über die Donaubrücke nach Maria Taferl (Beschilderung beachten)

IC-Verbindung Linz Hbf-Wien bis Amstetten NÖ, weiter mit Regionalzügen nach Pöchlarn, Umstieg in ÖBB-Postbus NG1 Richtung Artstetten bis Maria Taferl

Patrozinium Fest der Schmerzen Mariä (an dem auf den 15. September folgenden Sonntag), Kleines Patrozinium am Schmerzhaften Freitag (Freitag vor Palmsonntag), Fronleichnam, Mariä Himmelfahrt (15. August), Mai- und Rosenkranzandachten

Mariazell

Österreichs bedeutendster Wallfahrtsort

Mariazell ist der größte und bedeutendste Wallfahrtsort Österreichs. Eine Legende berichtet, dass Mönche aus St. Lambrecht den in der Nordsteiermark gelegenen Ort 1157 gründeten. Der Mönch Magnus kam mit einer Marienstatue, die zuvor einen Felsen geteilt haben soll, ins Zellertal. Aus »Maria in der Zelle« entstand der Name Mariazell. Allerdings ist diese Gründungslegende historisch nicht belegt. Eine »Cella« wird erstmals 1243 unter dem Stiftungsgut, das Herzog Heinrich III. von Kärnten (1090–1122) im Jahre 1103 dem Kloster St. Lambrecht übertragen hatte, erwähnt.

Eine Kirche in Mariazell ist seit 1266 nachweisbar. Baubeginn der ursprünglich romanischen Kirche soll nach einer jüngeren Inschrift um 1200 gewesen sein. Herzog Albrecht II. (1330–1358) bedachte 1342 den gerade fertiggestellten Chorraum mit einem Marienaltar. Der ungarische König Ludwig der Große (1342–1382) stiftete wohl 1366 nach einem Sieg über die Türken eine Marienkapelle.

»Magna Mater Austriae«

Ende des 14. Jahrhunderts erfolgte der Umbau zur dreischiffigen, gotischen Hallenkirche mit Westturm durch den Parlier Johannes Tryester nach

Wallfahrtskirche

Plänen des Mönchspriesters Chunrad. Im 17. Jahrhundert erlebte der Gnadenort eine neuerliche Blütezeit. Zwischen 1644 und 1683 errichtete Domenico Sciassia (1599/1603–1679) den heutigen Barockbau. Seit dieser Zeit rahmen an der Westfassade zwei barocke, haubenbekrönte Türme den oberhalb des Giebels vom Viereck zum Achteck sich verjüngenden gotischen Mittelturm und verleihen der Wallfahrtskirche ihr unverwechselbares Aussehen.

Durch Kapellen mit darüber liegenden Emporen erweiterte man das Langhaus, den gotischen Chor ersetzte ein Querschiff mit überkuppeltem Altarraum. Den Innenraum beherrscht die imposante Architektur des 1692 aufgestellten, aber erst 1704 geweihten Hochaltars von Johann Bernhard Fischer von Erlach (1656–1723) mit einer überlebensgroßen Kreuzigungsgruppe. Sein Sohn Josef Emanuel Fischer von Erlach (1693–1742) fertigte den Entwurf des 1727 von dem Augsburger Silberschmied Philipp J. Drentwett dem Jüngeren (1694–1754) ausgeführten Gnadenaltars in der

Wallfahrtskirche

1653 gebauten Gnadenkapelle im Zentrum der Kirche. Das Gnadenbild der »Magna Mater Austriae« entstand vermutlich Ende des 13. Jahrhunderts. Auf dem Schenkel der thronenden Gottesmutter Maria sitzt seitlich das Jesuskind, einen Apfel in der Hand haltend. Maria reicht ihrem Sohn eine Birne.

Seit dem 14. Jahrhundert sind Wallfahrten nach Mariazell nachweisbar. So gab es im Jahre

1390 nur 71 Häuser im Dorf Mariazell, aber 23 Verkaufsbuden zur Versorgung der Pilger. Ihren Ausgang nahm die Mariazeller Wallfahrt in einem Traumgesicht des Markgrafen Heinrich I. von Mähren (1197–1222) und seiner Ehefrau Hedwig. Beide pilgerten nach Mariazell und wurden hier von der Gicht geheilt.

Gnadenaltar

Besondere Aufmerksamkeit wurde dem Wallfahrtsort von den Habsburgern und anderen Angehörigen des Hochadels zuteil. So stiftete Erzherzog Matthias (1557–1619) nach seinem Sieg über die Türken bei Stuhlweißenburg eine Krone für das Gnadenbild. Mariazell wurde zum Nationalheiligtum der Doppelmonarchie Österreich-Ungarn und blieb bis heute Österreichs wichtigster Wallfahrtsort mit 1,5 Millionen Pilgern jährlich.

Benedictusplatz 1, A-8630 Mariazell
Tel.: +43(0)3882/2595-0 (Benediktiner-Superiorat)
Internet: www.basilika-mariazell.at

A1 Wien-Linz, Ausfahrt St. Pölten, weiter B20 über Wilhelmsburg nach Mariazell

IC-Verbindungen von Wien oder Linz nach St. Pölten, weiter mit Regionalzug nach Mariazell

8. September (Patrozinium Mariä Geburt), 21. Dezember (Gründungstag); von Mai bis Oktober jeden Sonnabend Lichterprozession

Maria Weißenstein

Bedeutendster Wallfahrtsort Südtirols

Südtirols bedeutendster Wallfahrtsort Maria Weißenstein liegt, umgeben von Wiesen und Wäldern, in 1520 Metern Höhe. Ein steiler Wallfahrtsweg führt in etwa vier Stunden von Leifers hinauf nach Weißenstein. Kirche und Servitenkloster stehen auf dem Regglberg in der Nähe von Petersberg, einer Fraktion von Deutschnofen, knapp 12 Kilometer Luftlinie südlich von Bozen.

Die Geschichte der Wallfahrt reicht zurück bis 1553. Damals erschien dem Bergbauern Leonhard Weißensteiner, der einen Hof auf dem Weißenstein bewirtschaftete, die Jungfrau Maria. Sie heilte den kranken Bauern und erbat sich zum Dank den Bau einer Kapelle. Es dauerte nicht lange und der Weißenstein wurde zum Ziel von Wallfahrern. Die zu

Wallfahrtskirche Maria Weißenstein

klein gewordene Kapelle ersetzte man 1673 durch eine Kirche. Der Pilgerstrom wuchs weiter an, und Maria Weißenstein entwickelte sich zum bedeutendsten Wallfahrtsort in Südtirol. Zu seinen Besuchern zählten der deutsche Kaiser Karl VI., der spätere Papst Johannes Paul I. – der hier noch als Kardinal seine Sommerferien verbrachte – und Papst Johannes Paul II.

Der Barockbau aus dem Jahr 1673 erfuhr zwischen 1719 und 1722 eine Umgestaltung durch den Architekten Johann Martin Gumpp aus Innsbruck, der mit Augustin Maria Abfalterer zusammenarbeitete. Servitenmönche, die im anschließenden Kloster leben, betreuen bis heute die Wallfahrer. Nur kurz währte die 1787 von Kaiser Josef II. verordnete Aufhebung des Klosters, bereits im Jahre 1800 begann der Wiederaufbau.

In Anwesenheit von 15.000 Gläubigen und über 130 Priestern krönte der Bischof von Trient im Jahr 1885 das Gnadenbild der Schmerzhaften Muttergottes. Innerhalb der Kirche kann man auch noch die von Leonhard Weißensteiner erbaute erste Kapelle besichtigen.

Maria Weißenstein, I-39050 Deutschnofen
Tel.: +39(0)471/615165 (Wallfahrtsbasilika)
Internet: www.weissenstein.it

aus Deutschland und Österreich über die Brenner-Autobahn (A22) bis zur Ausfahrt Bozen Nord, weiter über das Eggental und Deutschnofen nach Maria Weißenstein

EC-Verbindungen von München über Innsbruck nach Bologna bis Bozen, weiter mit Bus 180 Richtung Petersberg bis Abzweig Weißenstein, Umstieg in Bus 142 Richtung Weißenstein

Kirche ganzjährig täglich geöffnet; ganzjährig täglich Gottesdienste in deutscher und italienischer Sprache

Riffian

»Zu den Sieben Schmerzen Mariens«

Vier Ablassbriefe aus dem Jahr 1310 sind die ersten Belege für eine Wallfahrt nach Riffian, wenige Kilometer nördlich von Meran am Eingang des Passeiertales gelegen. So konnte die Gemeinde im Jahre 2010 auf 700 Jahre Wallfahrtstradition zurückblicken. Anlässlich des Jubiläums eröffnete man den Besinnungsweg »Zu den Sieben Schmerzen Mariens«.

Im Flussbett der Passer, die Riffian durchfließt, bemerkte ein Bauer in der Nacht des Öfteren einen Lichtschein. Schließlich überwand er seine Angst und wollte der unerklärlichen Erscheinung auf den Grund gehen. Zwischen Sand und Geröll entdeckte er ein Marienbild. Die Einwohner von Riffian beschlossen, für das Bild der Schmerzhaften Mutter eine Kapelle zu errichten. Doch der Bau der Kapelle wollte nicht gelingen. Schließlich zeigten ihnen Schwalben einen nahen Hügel, auf dem die Kapelle gebaut werden sollte. Heute dient diese ursprüngliche Gnadenkapelle als Friedhofskapelle. Sehenswert sind hier die Fresken aus dem Jahr 1415.

Das Gnadenbild befindet sich heute in der Pfarr- und Wallfahrtskirche. Im 12. Jahrhundert beginnt die Baugeschichte des Gotteshauses. Erweiterungen und Umbauten in der Zeit der Gotik und des Barock führten zu einer der schönsten Kirchen Südtirols. Eine Inschrift über dem Hauptportal weist auf die Marienwallfahrt hin: »O Mutter der Armen. Erhöre uns und siehe mit Erbarmen auf uns herab.« Im prunkvollen barocken Hochaltar findet sich das von sieben Engeln umrahmte Gnadenbild, eine Pietà aus der Zeit um 1415.

Pfarr- und Wallfahrtskirche Riffian

Von der Pfarrkirche des Nachbardorfes Kuens führt der Besinnungsweg »Zu den Sieben Schmerzen Mariens« in rund 45 Minuten bis zur Wallfahrtskirche Riffian. Sieben eindringliche Holzstelen übertragen das Thema in unsere Zeit und auf unser Leben.

Kirchweg (Via della Chiesa), I-39010 Riffian
Tel.: +39(0)473/241035 (Kath. Pfarramt)
Internet: www.wallfahrtskirche.riffian.com

aus Deutschland und Österreich über die Brenner-Autobahn (A22) bis zur Ausfahrt Sterzing, weiter auf SS44 Richtung Meran bis Riffian

EC-Verbindungen von München über Innsbruck nach Bologna bis Bozen, dort Umstieg in Regionalzug nach Meran, weiter mit Bus 240 Richtung St. Leonhard bis Riffian

die Kirche ist ganzjährig für Pilger geöffnet; täglich Gottesdienste, Mittwoch und Sonnabend Rosenkranzgebet

Einsiedeln

Wallfahrt zur Schwarzen Madonna

Der Einsiedler Meinrad ließ sich um 835 im »Finstern Wald« auf einer Hochebene südlich des Zürichsees nieder. Er hatte im Jahre 823 im Kloster Reichenau die Ordensgelübde abgelegt. Am 21. Januar 861 ermordeten zwei Räuber den Eremiten. Die zahmen Raben Meinrads sollen die Verbrecher bis nach Zürich verfolgt haben. Schließlich wurden die Mörder gefasst und hingerichtet. Heute zieren die Raben das Wappen der rund 15.000 Einwohner zählenden Gemeinde Einsiedeln.

Schon bald folgten andere Einsiedler dem Beispiel Meinrads. Dompropst Eberhard aus Straßburg kam 934 zur Cella des Heiligen, unterstellte die Eremitengemeinschaft der Benediktsregel und wurde selbst erster Abt des neugegründeten Klosters. Eine Kirche konnte im Jahr 948 geweiht werden. Kaiser Otto I. (936–973) bestätigte die

Gnadenkapelle

Klosteranlage

Gründung des Benediktinerstifts Einsiedeln und schenkte dem Kloster Ländereien. Auch Otto II. (973–983), Otto III. (983–1002) und Heinrich II. (1002–1024) bedachten das Kloster. So konnte aus den Einkünften 987 die Leutkirche, das »Untere Münster«, überdacht werden. Ein von 1031 bis 1039 errichteter Neubau ersetzte die durch einen Brand schwer beschädigte Klosterkirche.

Marienwallfahrten aus ganz Mitteleuropa nach Einsiedeln sind seit dem 14. Jahrhundert belegt. Nach dem Brand des Jahres 1465 gelangte das Gnadenbild, eine um 1440 in Ulm entstandene Madonna, in das Kloster. Abt Joachim Einhorn (1544–1600) erneuerte im Zeitalter von Reformation und Gegenreformation das Klosterleben. Auch die Wallfahrt gelangte zu neuer Blüte. So pilgerte 1570 der Mailänder Erzbischof und Kardinal Karl Borromäus (1538–1584) nach Einsiedeln. Auf Kosten des Salzburger Erzbischofs erfolgte 1617 die vollständige Verkleidung der Gnadenkapelle, eigentlich die alte Kapelle der Einsiedler, mit Marmor.

Die heutige Klosteranlage entstand ab 1702, als Abt Maurus von Roll (1698–1714) einen Neubau

Frauenbrunnen auf dem Klostervorplatz

beschloss. Von Kaspar Moosbrugger (1656–1723), einem Novizen des Klosters, stammt der einfallsreiche Bauplan. Ein breiter Treppenaufgang führt vom Kirchenvorplatz mit dem Frauenbrunnen hinauf zur Kirche. Zwischen den beiden 56 Meter hohen Türmen wölbt sich die Fassade der Kirche vor. Sie erinnert an ihre Vorbilder, die Klosterkirche Weingarten und die Salzburger Kollegienkirche.

Pfeiler tragen ein weitläufiges Oktogon, das um die Gnadenkapelle herum gebaut wurde. So haben die Pilger – heute kommen jährlich bis zu 700.000 – genügend Platz. An das Oktogon schließt sich das als Predigtkirche konzipierte Langhaus mit der von Egid Quirin Asam (1692–1750) geschaffenen Kanzel an. Die Kuppel über der Gnadenkapelle zeigt Christus und Engel, die zur Weihe der Gnadenkapelle vom Himmel herabsteigen. Nach Osten hin schließen sich die Abendmahls- und die Weihnachtskuppel an. Auf dem Hochaltarbild, das die ganze Höhe des Chorraumes ausfüllt, ist die Aufnahme Mariens in den Himmel zu sehen.

Die von den Franzosen 1798 zerstörte Gnadenkapelle wurde von 1815 bis 1817 am alten Platz in den Formen des Klassizismus wiederaufgebaut.

Die der Stadt zugewandte Fassade der Klosterkirche mit dem Frauenbrunnen

Das Gnadenbild hatte man in Sicherheit bringen können. Über Bludenz, Hall und Lienz in Tirol gelangte es bis nach Triest. Erst damals erlangte die »Schwarze Madonna« ihre dunkle Farbe.

Kloster Einsiedeln, CH-8840 Einsiedeln
Tel.: +41(0)55/4186111 (Kloster)
Internet: www.kloster-einsiedeln.ch

A3 Zürich-Chur, Ausfahrt Richterswil/Einsiedeln, weiter über Samstagern, Schindellegi und Biberbrugg nach Einsiedeln

Fernverbindungen innerhalb der Schweiz und aus Deutschland nach Zürich Hbf, weiter mit Regionalzug oder S25 nach Wädenswil, dort Umstieg in S13 nach Einsiedeln

Großer Pilgertag (Christi Himmelfahrt, Mariä Himmelfahrt, erster Sonntag im Oktober), Fest Unserer Lieben Frau von Einsiedeln (Sonntag nach dem 16. Juli), Reiterwallfahrt mit Pferdesegnung (dritter Sonntag im September)

Locarno-Orselina

Wallfahrt zur Madonna del Sasso

Maria erscheint dem Franziskaner Bartolomeo d'Ivrea

Mit der Standseilbahn oder in 40 Minuten zu Fuß auf dem alten Kreuzweg gelangt man von Locarno, der heute rund 15.000 Einwohner zählenden Hauptstadt des Schweizer Kantons Tessin, nach Orselina zum Wallfahrtsort Madonna del Sasso. Auf einer felsigen Anhöhe oberhalb von Locarno mit Ausblick über Stadt, Berge und den Lago Maggiore befindet sich die bekannteste Wallfahrtskirche der italienischsprachigen Schweiz.

Die Gründung der Kirche »Madonna del Sasso« geht auf eine Muttergotteserscheinung des Franziskaners Bartolomeo d'Ivrea aus Locarno im Jahr 1480 zurück. Nach der Beschreibung der Marienerscheinung fertigte ein Mailänder Künstler um 1485 eine Marienstatue. An der Stelle der Erscheinung ließ der Franziskanermönch eine kleine Kapelle erbauen, bei der er sich als Einsiedler niederließ. In der Folgezeit entstand ein kleines Kloster, das auch Pilger anzog. Schließlich kam es zum Bau der im Jahre 1616 vollendeten Wallfahrtskirche »Madonna del Sasso«, ein Jahr später krönte der päpstliche Nuntius Sarego das Gnadenbild. Damals entstand in der Umgebung der Wallfahrtskirche ein Prozessionsweg, gesäumt von Szenen der Heilsgeschichte.

Die Wallfahrtsseelsorge wurde 1852 von den Kapuzinern übernommen. Im Jahre 1949 schickten sie das Gnadenbild auf eine Pilgerreise. Die Madonna wurde auf dem Dach eines geschmückten Autos befestigt und mehrere Monate lang durch das ganze Tessin gefahren. Dieser Besuch in allen Pfarreien des Tessin hat der Verehrung der Madonna del Sasso neue Impulse gegeben.

Die Wallfahrtskirche über dem Lago Maggiore

Via Santuario 2, CH-6644 Orselina
Tel.: +41(0)91/7436265 (Museo Casa del Padra/Museum mit Kirchenschatz); +41(0)91/7910091 (Touristikamt)
Internet: www.schweizerseiten.ch/madonna_del_Sasso.htm

A2 von Basel über Luzern und Gotthard bis Ausfahrt Bellinzona Süd, weiter Richtung Locarno

Fernverbindungen von Zürich nach Bellinzona, dort Umstieg in S20 nach Locarno

1. September (Fest der Marienerscheinung), Wallfahrtsfest am ersten Sonntag im September, deutschsprachige Gottesdienste an jedem Sonn- und Feiertag

Maria Bildstein

Wallfahrt zu »Maria vom Siege«

Benken liegt ca. 5 Kilometer in südöstlicher Richtung vom Ostende des Zürichsees entfernt. Versteckt im Wald auf der Ostseite des 528 Meter hohen Benkner Büchels findet man neben der Wallfahrtskirche Maria Bildstein auch einen Kalvarienberg und zahlreiche Kapellen und Grotten – einzigartig im nördlichen Alpenraum.

Im Jahre 1519 brachte Johann Heinrich Jud eine Marienstatue auf den Oberen Buchberg. Vermutlich sollte damit eine drohende Pestepidemie abgewehrt werden. Für das Bild der Gottesmutter ließ die Äbtissin von Schänis einen Bildstock errichten. Von diesem »Bildstein« bekam der Ort seinen Namen.

Im 18. Jahrhundert ersetzte man die mittlerweile verwitterte Marienstatue durch ein Bildnis des Heilands an der Geißelsäule. Bei ihm suchten viele Menschen Zuflucht, die unter dem »Gfrörer« litten, einem in der Linthebene damals grassierenden Sumpffieber. Heute steht die Statue des gegeißelten Jesus in der Wallfahrtskirche.

Grabgrotte

Im 19. Jahrhundert erbaute man eine kleine Kapelle »Unserer Lieben Frau vom Siege«. Als diese zu klein und baufällig geworden war, errichtete man 1965/66 die heutige Kirche. Über dem Altar nimmt das Gnadenbild, eine spätgotische Strahlenkranzmadonna, einen würdigen Platz ein. Das Umfeld der Kirche prägen ein Kreuzweg mit Kalvarienberg, ein Holzgebäude mit alten Votivtafeln und elf teilweise mit plastischen Figurengruppen oder Glasmalereien ausgestaltete Grotten.

Maria Bildstein, Bildsteingasse, CH-8717 Benken
Tel.: +41(0)55/2831242 (Wallfahrtsamt)
Internet: www.mariabildstein.ch

A3 Zürich–Chur, Ausfahrt 42 Richtung A53/Reichenburg, rechts abbiegen Richtung Reichenburg/Benken, weiter nach Benken

Fernverbindungen nach Zürich Hbf, weiter mit RE Richtung Chur bis Ziegelbrücke und Umstieg in S 6 Richtung Rapperswil bis Benken (ab Zürich ca. 1 h Fahrzeit)

ganzjährig Dienstag, Donnerstag und Freitag Eucharistiefeier, Rosenkranz und Beichtgelegenheit; Sonnabend und Sonntag Eucharistiefeier

Mariastein

Wallfahrt zu Unserer Lieben Frau im Stein

Im Dreiländereck Schweiz-Deutschland-Frankreich erhebt sich nahe Basel die Wallfahrtskirche Mariastein auf einem Felsplateau. Im 14. Jahrhundert schlief eine Bäuerin in einer Grotte des Felsens ein. Als sie wieder aufwachte, da war ihr kleiner Sohn verschwunden. In großer Sorge machte sie sich auf die Suche und fand ihr Kind schließlich unten im Tal. Der Junge erzählte seiner Mutter, er sei über eine Klippe gefallen, aber eine »schöne Frau« habe ihn gerettet. Zum Dank stellten die Menschen in der Grotte ein Marienbildnis auf.

Bald kamen Pilger zur Grotte, die 1434 als Kapelle bezeichnet wurde. Die Reformation beeinträchtigte die Wallfahrt nur kurz. Als 1541 ein erneutes Wun-

Wallfahrtskirche Mariastein

der geschah – Hans Thüring Reich von Reichenstein stürzte über den Felsen und überlebte –, da erhielt die Wallfahrt neuen Zulauf. Zur Betreuung der Pilger verlegte man 1648 das Benediktinerkloster Beinwil nach Mariastein.

Gnadenbild

Der Kulturkampf in der Schweiz brachte 1874 die Aufhebung des Klosters mit sich, doch die Pilger kamen weiterhin. Papst Pius XI. verlieh der Kirche den Titel einer »Basilica minor« und ließ das Gnadenbild, die »Lächelnde Madonna«, krönen. Die bemalte Steinskulptur aus dem 17. Jahrhundert, die »Mutter vom Trost«, befindet sich tief unter der Klosterkirche. 59 Stufen führen hinab zu der Grotte, in der alles seinen Anfang nahm.

Heute pilgern jedes Jahr über 100.000 Wallfahrer nach Mariastein. Im Gebet vor Maria und Jesus, beide mit heiteren Gesichtszügen, stärken sie ihren Glauben. Seit 1971 leben auch wieder Benediktiner im Kloster Mariastein.

Benediktinerkloster Mariastein, CH-4115 Mariastein
Tel.: +41(0)61/7351111
Internet: www.kloster-mariastein.ch

von Basel über Aesch und Bättwil nach Mariastein

Fernverbindungen innerhalb der Schweiz und aus Deutschland nach Basel Hbf, weiter mit Tram 10 Richtung Rodersdorf bis Flüh, Umstieg in Bus 69 Richtung Metzerlen oder Burg im Leimental bis Mariastein, Klosterplatz

Maria-Trost-Fest (Sonnabend vor dem ersten Sonntag im Juli), Mariä Himmelfahrt, Rosenkranzsonntag, Krankensegnung (jährlich wechselnder Termin im Mai)

Weitere Marienwallfahrtsorte in Deutschland, Österreich, Südtirol und der Schweiz

1. Aldenhoven
2. Amberg
3. Bergheim
4. Berlin-Mariendorf
5. Birkenstein
6. Dingelstädt
7. Heimbach
8. Klausen
9. Knechtsteden
10. Ludwigshafen
11. Marialinden
12. Marienbaum
13. Kloster Marienthal
14. Saarburg
15. Sielenbach
16. Trutzhain
17. Waghäusel
18. Wietmarschen

1 Ardning
2 Eisenstadt
3 Klein-Mariazell
4 Maria Schmolln

5 Sallapulka
6 Schardenberg
7 Villach
8 Zell an Ziller

1 Broc
2 Hergiswald
3 Niederrickenbach
4 Wolfwil
5 Ziteil

1 Klausen
2 Maria Saal am Ritten
3 Nonsberg
4 Sterzing

Deutschland

Aldenhoven (Nordrhein-Westfalen), Gnadenkapelle Aldenhoven, Marienwallfahrt zur Zuflucht der Sünder, www.sankt-martin-aldenhoven.de

- Wallfahrten zu den Oktavzeiten der Feste Mariä Heimsuchung (2. Juli), Aufnahme Mariens in den Himmel (15. August) und Maria Geburt (8. September)

Amberg (Bayern), Wallfahrtskirche Maria Hilf, Wallfahrt zum Marienbildnis, www.mariahilfberg-amberg.de

- Größte Marienwallfahrt in der Oberpfalz (am 2. Juli zu Mariä Heimsuchung); zugleich größte Bergwallfahrt in der Oberpfalz
- »Bergfestwoche« – Wallfahrtswoche um den 2. Juli
- alljährliche Dankprozession in Amberg an einem Sonntag im Mai

Bergheim (Nordrhein-Westfalen), Wallfahrtskirche St. Remigius, Wallfahrt zum Gnadenbild der Schmerzhaften Mutter Gottes, www.bergheim-wallfahrt.de/gnadenbild.html

- 30. April bis 1. Mai 2016 »350 Jahre Bergheim-Wallfahrt«
- alljährliche Fußwallfahrt von Leverkusen nach Bergheim

Berlin-Mariendorf (Berlin), Wallfahrtskirche Maria Frieden, www.maria-frieden-berlin.de/wallfahrt.html

- Wallfahrten jeden 1. Donnerstag im Monat (Beichtgelegenheit, Rosenkranz und Messe)
- Termine online einsehbar

Birkenstein (Bayern), Wallfahrtskirche Mariä Himmelfahrt, Wallfahrt zum Gnadenbild Mariens, www.maria-birkenstein.de

- Wallfahrtstermine ganzjährig
- Patrozinium der Gnadenkapelle zu Maria Himmelfahrt mit Wallfahrt am 14. und 15. August

Dingelstädt (Thüringen), Filial- und Wallfahrtskirche St. Maria im Busch, Wallfahrt zum Gnadenbild der Schmerzhaften Mutter Gottes, www.kath-kirche-dingelstaedt.de/home.html

- Wallfahrt zu Maria Geburt am 8. September

Heimbach (Nordrhein-Westfalen), Pfarr- und Wallfahrtskirche St. Clemens, Wallfahrt zur Schmerzhaften Mutter Gottes, www.heimbach-wallfahrt.de

- jährlich ca. 60.000 Pilger
- Wallfahrten in der Wallfahrtsoktav ab Mariä Heimsuchung (2. Juli)

Klausen i. d. Eifel (Rheinland-Pfalz), Klausener Pfarr- und Wallfahrtskirche Mariä Heimsuchung, Marienwallfahrt zum Gnadenbild der Schmerzhaften Mutter Gottes, www.wallfahrtskirche-klausen.de

- regelmäßige Motorradwallfahrten am letzten Aprilsonntag
- Traktorwallfahrten im Oktober
- Wallfahrtseröffnung im April; Hauptwallfahrtszeiten von Mai bis Oktober
- jährlich ca. 100.000 Pilger

Knechtsteden (Nordrhein-Westfalen), Kloster Knechtsteden, Wallfahrt zur Schmerzhaften Mutter, www.kloster-knechtsteden.de/hp/basilika-pieta.php

- keine klassischen Wallfahrten, jedoch dreimal Hl. Messe am Sonntag sowie werktags jeweils einmal

© Kurt F. Domnik/pixelio

Ludwigshafen am Rhein (Rheinland-Pfalz), Wallfahrtskirche Mariä Himmelfahrt mit Loreto-Heiligtum, www.franziskaner-minoriten.de/kloester/kloster-oggersheim

- Wallfahrtstage: Mariä Lichtmess (2. Februar), Mariä Verkündigung (25. März), Mariä Heimsuchung (2. Juli), Mariä Himmelfahrt (Hauptwallfahrtstag) am 14./15. August, Mariä Geburt (8. September), Mariä Empfängnis (8. Dezember)

Marialinden (Nordrhein-Westfalen), Pfarr- und Wallfahrtskirche St. Mariä Heimsuchung, Wallfahrt zur Schmerzhaften Mutter Gottes, Marienbrunnen vor der Kirche, www.st-mariae-heimsuchung.de

- jährliche Wallfahrtsoktav in der Woche des Patroziniums (Mariä Heimsuchung, 2. Juli)
- Eröffnung und Abschluss jeweils mit Prozessionen
- jeden Sonnabend um 9 Uhr Marienmesse

Marienbaum (Nordrhein-Westfalen), Wallfahrtskirche St. Mariä Himmelfahrt, www.wallfahrtsort-marienbaum.de

- jährlich ca. 15.000 Pilger
- keine Angabe zu konkreten Wallfahrten oder Wallfahrtszeiten

Kloster Marienthal/Westerwald (Rheinland-Pfalz), Marienwallfahrtsort zur Schmerzhaften Mutter, www.kloster-marienthal.eu

- ganzjährig Pilgermessen

- Patronatsfest am 15. September zum Fest der Schmerzhaften Mutter
- jeden Sonntag im Mai »Marienthaler Maiandachten« (15 Uhr)

Saarburg (Rheinland-Pfalz), Wallfahrtskirche St. Marien Saarburg-Beurig, Wallfahrt zum Gnadenbild der stillenden Madonna, www.marientracht.de

- Hauptwallfahrtszeit von Mai bis September
- Patrozinium am Fest Mariä Heimsuchung (2. Juli), am darauffolgenden Sonntag großer Wallfahrtstag mit großer Marienprozession (Marientracht)

Sielenbach (Bayern), Marienwallfahrtsort Maria Birnbaum, Wallfahrtskirche Maria Birnbaum, www.maria-birnbaum.de

- Hauptfest am 15. September zu den Sieben Schmerzen Mariens
- Weihetag der Wallfahrtskirche am 14. Oktober

Trutzhain (Hessen), Wallfahrtskirche Maria Hilf, Wallfahrt zur schwangeren Madonna, www.maria-hilf-trutzhain.de

- jährliche »Quinauer Wallfahrt« anlässlich Mariä Heimsuchung (2. Juli)

Waghäusel (Baden-Württemberg), Wallfahrtskirche und Kloster »Mutter mit dem gütigen Herzen«, Wallfahrt zum Bildnis der Maria mit dem gütigen Herzen, www.waghaeusel-kloster.de

- Wallfahrten anlässlich des Patroziniums Mariä Himmelfahrt (15. August) und zu Mariä Geburt (8. September)
- ganzjähriger Marien- und Wallfahrtsweg Waghäusel (7,5 km)

Wietmarschen (Niedersachsen), Wallfahrtskirche St. Johannes Apostel, Wallfahrt zum Gnadenbild der Maria mit dem Kinde, www.st-johannes-wietmarschen.de

- Pilgermessen im Mai und Oktober
- Hochfest zu Maria Empfängnis am 8. Dezember

Österreich

Ardning (Steiermark), Wallfahrtskirche Frauenberg, www.wallfahrtskirche-frauenberg.at

- Wallfahrtsjahr vom Gnadensonntag (2. Sonntag nach Ostern) bis Mariä Opferung (Patrozinium, 21. November)
- Wallfahrtsgottesdienste können jederzeit selbstständig angemeldet werden

Eisenstadt (Burgenland), Gnadenkapelle in der Haydnkirche, Wallfahrt zum Gnadenbild Maria mit dem Kind, www.haydnkirche.at

- jährlich ca. 70.000 Pilger
- Gottesdienste in der Gnadenkapelle jeden Dienstag und Freitag (18 Uhr)

Klein-Mariazell (Niederösterreich), Wallfahrtskirche und Basilika Klein-Mariazell, Wallfahrt zum Gnadenbild der Himmelskönigin mit dem Kind, www.kleinmariazell.at

- ganzjährig Wallfahrten; Wanderungen von April bis Oktober
- Festgottesdienste an den Marientagen
- sonntägliche Pilgermessen

Maria Schmolln (Oberösterreich), Pfarr- und Wallfahrtskirche Maria Schmolln, Wallfahrt zum Gnadenbild »Maria hilf«, www.pfarre-maria-schmolln.dioezese-linz.at

- Wallfahrten finden ganzjährig und nach Anmeldung statt

Sallapulka (Niederösterreich), Wallfahrts- und Pfarrkirche St. Maria im Gebirge, Wallfahrt zum Gnadenbild Maria im Strahlenkranz, www.mariaimgebirge.at

- Wallfahrten zu jeder Zeit möglich, keine konkreten Wallfahrtstermine
- Anmeldung von Wallfahrten per Telefon

Schardenberg (Oberösterreich), Fatimakapelle Schardenberg, Wallfahrt zur Rosenkranzkönigin von Fatima, www.pfarre-schardenberg.at/pfarre/4372/diepfarre/kirchengeschichte/fronwaldkapelle

- Fatimatage von Mai bis Oktober an jedem 13. des Monats
- mehrere tausend Pilger jährlich

Villach (Kärnten), Pfarr- und Wallfahrtskirche Maria Gail, Wallfahrt zur Schutzmantelmadonna, www.maria-gail.at

- Station des Marienpilgerweges und des Jakobsweges Villach
- Großer Wallfahrtstag am 15. August zu Maria Himmelfahrt

Zell am Ziller (Tirol), Wallfahrtskirche Maria Rast, Wallfahrt zum Gnadenbild der Muttergottes als Maria Immaculata und zum Gnadenbild »Unserer lieben Frau von Maria Rast«, www.pfarre.zell.at/kirchenführer/mariarast/index.html

- Sonnabend 8 Uhr Hl. Messe, Mittwoch 19 Uhr Rosenkranzgebet
- am Weißen Sonntag Glaubensprozession von der Pfarrkirche nach Maria Rast
- Festtage: Patrozinium Mariä Heimsuchung (2. Juli), »Goldene Samstage« an den auf den 29. September folgenden drei Sonnabenden mit drei Hl. Messen (4, 5 und 8 Uhr)

Südtirol

Klausen, Marienkapelle an der Liebfrauenkirche nahe dem Kloster Säben, Wallfahrt zur Thronenden Madonna mit Kind, www.suedtirol-kompakt.com/kloster-saeben-bei-klausen/#marienkapelle

- tägliche Wallfahrtsmöglichkeiten; Öffnungszeiten der Kapelle: 8–18 Uhr

Maria Saal am Ritten in Mittelberg, Wallfahrt zum Gnadenbild der »Maria in der Strahlenglorie« und dem Wandbild der »Mutter Gottes mit dem Regenschirm«, www.sentres.com/de/wallfahrtskirche-maria-saal

- mehrere tausend Pilger jährlich
- wichtigste Wallfahrtstage: Ostermontag, Pfingstmontag, Mariä Himmelfahrt (15. August)

Nonsberg, Unsere liebe Frau im Walde bei Nonsberg, Wallfahrt zum Gnadenbild »Maria mit dem Kinde«, www.ultental-deutschnonsberg.info/einen-besuch-wert/mystische-plaetze/wallfahrtort-ulfiwalde.html

- ganzjährig Wallfahrtsort, keine konkreten Wallfahrtstage und -zeiten

Sterzing, Unsere Frau in Maria Trens bei Sterzing, Wallfahrt zur »Trenser Mutter«, www.schnalstal.com/de/kultur/wallfahrt

- ganztägige Öffnung der Gnadenkapelle, keine konkreten Wallfahrtstermine
- Führungen durch die Gnadenkapelle nach Anmeldung möglich

Schweiz

Broc (Kanton Freiburg), Marienkapelle Notre-Dame des Marches/ Marienkapelle »Unsere liebe Frau«, Wallfahrt zum Gnadenbild der Heiligen Jungfrau, www.lesmarches.ch

- jährliche Krankenwallfahrt im Mai mit über 800 Pilgern
- Wallfahrt für behinderte Menschen im Herbst jeden Jahres

Hergiswald bei Kriens (Kanton Luzern), Wallfahrtskirche Hergiswald, Gnadenkapelle/Loreto-Kapelle, Wallfahrt zur Schwarzen Madonna, www.hergiswald.ch/kirche

- sonn- und feiertags 9.15 Uhr Rosenkranz und 10 Uhr Hl. Messe; Mittwoch und Freitag 14.15 Uhr Rosenkranz und 15 Uhr Eucharistiefeier
- Wallfahrt zum Hauptpatrozinium am 15. August (Mariä Himmelfahrt)

- Führungen nach Anmeldung im Wallfahrtsbüro jederzeit möglich

Niederrickenbach (Kanton Nidwalden), Wallfahrtskirche Maria Rickenbach, Wallfahrt zum Gnadenbild der Madonna mit dem Kind, www.maria-rickenbach.ch/wallfahrtsort/wallfahrtsgebet
- keine konkreten Wallfahrtszeiten
- Gottesdienst jeden Sonntag um 10.30 Uhr
- in regelmäßigen Abständen Fest- und Wallfahrtsgottesdienste

Wolfwil (Kanton Solothurn), Marienkapelle Wolfwil, Wallfahrt zum Gnadenbild »Unsere Liebe Frau von Wolfwil«, www.wallfahrtsort-wolfwil.ch
- Großes Pilgerfest zu Mariä Himmelfahrt (15. August)

Ziteil oberhalb von Salouf (Kanton Graubünden), Wallfahrtsort Ziteil, Wallfahrt zum Marienheiligtum, www.ziteil.org
- Kirche und Pilgerhaus geöffnet von Samstagmittag bis Sonntag, im Sommer (Juli, August, September) bis Montagmittag
- Hochfeste: Kirchweih (26. Juni), Mariä Heimsuchung (2. Juli), Mariä Schnee (5. August) und Mariä Geburt (8. September)

Mit Maria unterwegs – Der Fränkische Marienweg

Franken gilt auf Grund seiner langen Tradition der Marienverehrung als Madonnenland. Oft wird die Muttergottes als »Patrona Franconiae« dargestellt. Zahlreiche alte Pilgerrouten, gesäumt von Bildstöcken und Marienfiguren, verbinden rund 50 Wallfahrtsorte in der Region. Auf die Initiative des Pfarrers Josef Treutlein wurde dieses Wegenetzwerk 2002 als Fränkischer Marienweg wiederbelebt. Neben weithin bekannten Pilgerstätten kann man auf dem Weg beinahe in Vergessenheit geratene Schätze entdecken. Da selbst der Initiator des Weges noch nicht alle Strecken gewandert ist, kann man sich beruhigt nur eine Teilstrecke vornehmen. Es gibt vier Routen bzw. eine West- und eine Ostschleife, die alle in Würzburg beginnen.

Der erste Teil der Westschleife beginnt an der Würzburger Marienkapelle. Der zentral gelegene gotische Bau in Rot-Weiß ist nicht zu übersehen, weit-

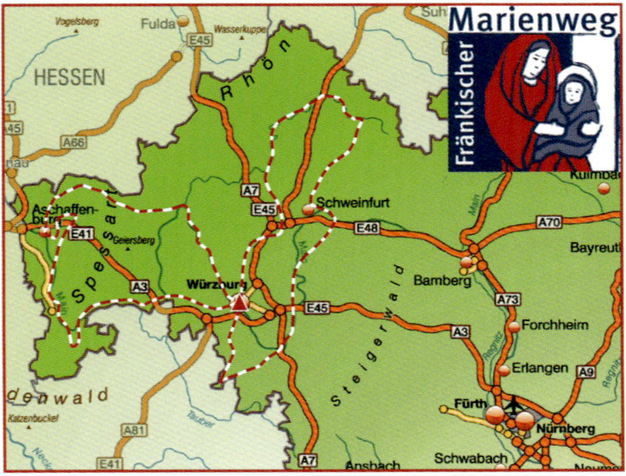

Würzburg, Marienkapelle

hin strahlt die goldene Madonna von der Turmspitze. Noch in der Stadt stößt man auf einen Miniatur-Pilgerweg: die Strecke vom Mainufer hoch zum Käppele am Nikolausberg, gesäumt von 14 Kreuzwegkapellen. Am Ufer des Mains entlang gelangt man zum Weinort Erlabrunn. Eher klein ist die Wallfahrtskapelle Maria Hilf auf dem Volkenberg, aber man genießt hier den schönen Ausblick über das Maintal. Eine

Würzburg

Zellingen am Main, Maria-Hilf-Kapelle

weitere Maria-Hilf-Kapelle sieht man in Zellingen. Maria-buchen liegt etwas weiter entfernt bei Lohr am Main. Hier soll im Mittelalter ein Hirte eine Marienfigur an einer Buche angebracht haben. Kein Wallfahrtsort, sondern eher ein Ort des Betens und Arbeitens ist das Minoriten-Kloster Schönau nahe der Dreiflüssestadt Gemünden am Main. In Rengersbrunn erreicht man den nördlichsten Ort der Westschleife des Fränkischen Marienwegs und eine weitere Wallfahrtskirche, um die sich eine Hirtenlegende rankt. Am Brunnen vor der Kirche Mariä Geburt sieht man eine seltene Darstellung der Muttergottes als Stillende. Über Wiesen und Kälberau, wo die Kirche Maria vom rauhen Wind am Hahnenkamm den Wetterunbilden trotzt, gelangt man zum Endpunkt der Route: Aschaffenburg. Dort sollte man die Sandkirche besichtigen, welche am Fundort eines Marienbildnisses errichtet wurde.

Von Aschaffenburg am Rande von Spessart und Odenwald führt der zweite Teil der Westschleife wieder nach Würzburg zurück. Zunächst besucht man die Wallfahrtsorte Maria an der Sonne und Kloster Schmerlenbach in Hösbach und die Wallfahrtskirche Hessenthal, um dann wieder Richtung Aschaffenburg in den Ortsteil Obernau zur Kapelle Maria Frieden zu wandern. Immer nach Süden und in etwa entlang des Mainverlaufs durchwandert man Röllbach (Maria-Schnee-Kapelle), Großheubach (Franziskanerkloster Engelberg) und Miltenberg

Aschaffenburg

(Staffelmadonna), bis man Schneeberg erreicht. In der dortigen Pfarr- und Wallfahrtskirche Mariä Geburt wird seit etwa 1450 die Muttergottes auf dem Holderstock verehrt. Eine kleine Überraschung erlebt man in Faulbach, denn in der schlichten Kirche Mariä Verkündigung aus den 1960er Jahren verbirgt sich eine spätgotische Marienfigur. In Höchberg, kurz vor Würzburg, trifft man mit der Wallfahrtskirche Mariä Geburt auf eine durch den Fränkischen Marienweg wiederbelebte Pilgerstätte.

Miltenberg

Dettelbach

In Würzburg startet auch die Ostschleife des Pilgerwegs. Südlich von Würzburg erwarten in Bütthard und Bolzhausen eine Marienkapelle und eine St.-Andreas-Kirche mit Mariengnadenbild den Pilger. Via Kitzingen gelangt man nach Effeldorf mit einer Nachbildung der Wallfahrtskirche von Loreto. Auf eine Wunderheilung geht der Bau der Kirche Maria im Sand im nahe gelegenen Weinort Dettelbach zurück. In der Nähe der Benediktinerabtei Münsterschwarzach liegt in Dimbach die Kirche St. Maria de Rosario mit einer Madonna, die das Jesuskind auf dem rechten statt wie üblich auf dem linken Arm hält. Das nächste Pilgerziel verrät schon mit seinem Namen seine idyllische Lage: Maria im Weingarten. Bei Volkach verlässt man den Main und die daran gelegenen Rebstöcke vorerst und kommt durch gebirgiges Gelände nach Bischwind zur Kapelle Maria Hilf. Mit dem fast 500 Meter hohen Zabelstein lässt man den Steigerwald hinter sich und steuert wieder auf das Maintal zu. Über die Limbacher Wallfahrtskirche und das Zeiler Käppele gelangt man nach Haßfurt. Die Haßfurter Ritterkapelle ist ebenfalls ein alter Marienwallfahrtsort, denn neben den über

Volkach, Maria im Weingarten

200 Wappen sind in der spätgotischen Kirche Rücken an Rücken zwei Pietàs zu finden. Bis zum Ziel der dritten Route sind noch zwei Etappen an der Peripherie der Haßberge zu bewältigen: Maria vom Sieg in Greßhausen und die Kerlachkapelle Mariä Schmerz in Stadtlauringen. Der erste Teil der Ostschleife endet an der Rokoko-Kirche Mariä Geburt in Ipthausen.

Zunächst nahe der Grenze zu Thüringen durch Saal an der Saale (Findelbergkirche), Mellrichstadt (Großenbergkapelle) und Braidbach (Wallfahrtskirche St. Ulrich) verläuft der vierte Abschnitt des Fränkischen Marienweges. Die nun folgende Südschleife durch das Gebiet der Fränkischen Saale berührt Münnerstadt (in der Nähe das Kloster Maria Bildhausen, die Kirche Mariä Himmelfahrt und die Rannunger

Mariensäule im Steigerwald

Kreuzberg/Rhön

Talkirche), Bad Kissingen (Kapelle am Terzenbrunn und Marienkapelle), Windheim (Kirche Mariä Geburt) und Unterebersbach (Maria-Schnee-Kirche). Ziel der zahlreichen Pilger am nächsten Wallfahrtsort sind die drei Kreuze auf dem 864 Meter hohen Kreuzberg bei Bischofsheim an der Rhön. Weiter nach Norden geht es bis zum Ehrenberg. Hier muss man mit hunderten Stufen einen beachtlichen Anstieg bewältigen, um Maria seine Anliegen vorzutragen. Erschwerend kommt hinzu, dass der Zugang nur an bestimmten Tagen möglich ist, da Maria Ehrenberg mitten im Truppenübungsplatz Wildflecken liegt. Weiter südlich bei Hammelburg befindet sich die Wallfahrtskirche Maria Steinthal. Zurück im

Saaletal bei Hammelburg

Fränkischen Weinland kann in Eckartshausen bei Werneck Station in der Wallfahrtskirche Mariä Heimsuchung eingelegt werden. In Arnstein zieht Maria Sondheim Pilger an. Bevor der Pilgerweg wieder zu seinem Ausgangspunkt Würzburg zurückkehrt, pilgert man noch zum Kloster Fährbrück und zur Marienkirche bei Hausen.

Würzburg, Dom

Informationen

An- und Abreise: mit Zug oder Auto nach Würzburg; zahlreiche Fern- und Nahverkehrsverbindungen bis Würzburg Hbf

Entfernung: ca. 900 km

Einteilung: individuelle Einteilung in Etappen und das Gehen von Teilstrecken möglich

Profil: Anstiege in den fränkischen Mittelgebirgen (Rhön, Steigerwald, Haßberge, Spessart und Odenwald)

Markierung: blau-rot-weiße Schilder mit einer stilisierten Madonna mit Jesuskind

Stempelstellen: Pfarrämter und Klöster

Pilgerausweis: www.fraenkischer-marienweg.de, 3 €

Übernachtungen: Hinweise auf www.fraenkischer-marienweg.de oder über die örtlichen Tourist-Informationen

Literatur: Wandern und Radeln auf dem Fränkischen Marienweg, Galli Verlag, 2. Aufl. 2011 (mit zahlreichen Karten)

Kontakt: Verein der Freunde und Förderer des Fränkischen Marienwegs, Wallfahrtshaus Käppele, Spittelbergweg 21, 97082 Würzburg, Tel.: 0931/79 40 77 60, www.fraenkischer-marienweg.de (mit Karte, Bildern und Übernachtungsmöglichkeiten), e-Mail: info@fraenkischer-marienweg.de oder ulrike.shanel@bistum-wuerzburg.de; www.wallfahrt.bistum-wuerzburg.de (ausführliche Informationen zu allen Wallfahrtsorten, Gottesdienstzeiten und Kontaktdaten)

Weitere Marienpilgerwege

Mariazellerwege in Österreich: Das Wanderwegesystem »Mariazellerwege« verbindet Wien, Nebelstein und St. Pölten (Niederösterreich), Linz (Oberösterreich), Eisenstadt (Burgenland), Klagenfurt (Kärnten), Graz (Steiermark) und Salzburg (Salzburg) und somit sieben der neun Bundesländer Österreichs mit dem Gnadenort Mariazell. Grenzüberschreitende Marienpilgerwege mit dem Ziel Mariazell haben ihre Ausgangspunkte in Tschenstochau (Polen), Csíksomlyó (Rumänien) und Marija Bistrica (Kroatien), www.pilgerwege.at/pilgern-oesterreich/pilgerwege/mariazellerwege

Marienpilgerweg in Kärnten (Österreich): Pilgerweg über 266 km (10 Tagesetappen), verbindet einen Teil der zahlreichen Marienkirchen Kärntens von Maria Rojach im Lavanttal bis zur berühmten Wallfahrtskirche von Maria Luggau im Lesachtal, www.marienpilgerweg.at/pilgerweg.htm

Wallfahrtskirche Maria Luggau

Marienwanderweg durch die Kroppacher Schweiz (Rheinland-Pfalz): reizvoller Wanderweg über 20 km, verbindet auf einem klassischen Pilgerpfad das Franziskanerkloster Marienthal bei Hamm mit der Zisterzienserabtei Marienstatt bei Streithausen im Westerwald (Kroppacher Schweiz), weitgehend schmale Pfade, www.ich-geh-wandern.de/marien-wanderweg-durch-die-kroppacher-schweiz

Pilgern im Westerwald

Marienwanderweg Oberösterreich–Bayern: Pilgerweg über 130 km (7 Tagesetappen), verbindet St. Marienkirchen am Hausruck (bei Ried, Oberösterreich) – bis Ende des 18. Jahrhunderts ein blühender Wallfahrtsort – mit Altötting; ein kleiner Abstecher führt nach Maria Schmolln, www.seelentium.at/index.php?id=378

Pinzgauer Marienweg südwestlich von Salzburg (Österreich): mehrere Wege, der »Klassische« führt über 135 km mit leichten An- und Abstiegen von Jochbergwald über den Pass Thurn ins Salzachtal und über die Marienwallfahrtsorte Stuhlfelden, Bruck und Maria Elend nach Maria Kirchental (»Pinzgauer Dom«), www.pinzgauer-marienweg.at

Marienbilder

Ostsee
Berlin
Dresden
Erfurt
Nürnberg
Augsburg
München
Innsbruck
Österreich
MECKLENBURG-
VORPOMMERN
SACHSEN-
ANHALT
BRANDENBURG
SACHSEN
THÜRINGEN
BAYERN
Rostock
Lübeck
Schwerin
Potsdam
Wolfsburg
Braunschweig
Magdeburg
Cottbus
Halle
Leipzig
Dresden
Erfurt
Gera
Chemnitz
Zwickau
Fürth
Nürnberg
Regensburg
Ingolstadt
Augsburg
Uckermark
Oderbruch
Spreewald
Erzgebirge
Bayerischer Wald
Bayerische Alpen

»Maria Knotenlöserin« in Augsburg

Papst Franziskus zählt zu den besonderen Verehrern der »Maria Knotenlöserin«. Während seines Studiums in Deutschland lernte er 1986 bei einem Besuch in der Augsburger Kirche St. Peter am Perlach das Gnadenbild kennen und brachte Fotos davon nach Argentinien. Er ließ eine Kopie des Bildes für die Kirche San José del Talar in Buenos Aires anfertigen. Heute pilgern an jedem 8. eines Monats zahlreiche Pilger zu diesem Gnadenbild.

Der Augsburger Künstler Johann Georg Melchior Schmidtner malte das ungewöhnliche Marienbild um 1700. Die Gottesmutter steht auf einer Mondsichel, umgeben von Engeln. Über ihr schwebt die Taube des Heiligen Geistes. In den Händen hält sie ein langes, weißes und verknotetes Band und ist damit beschäftigt, die Knoten zu lösen. Menschen kommen zum Bild der Knotenlöserin mit der Bitte, die Knoten – Symbol der Probleme – in ihrem Leben zu lösen. Unter den Füßen von Maria ist eine Schlange zu sehen, die sich um die Mondsichel windet. Maria zertritt der Schlange und damit Satan den Kopf.

Rathausplatz, 86150 Augsburg
www.sankt-peter-am-perlach.de

Die »Stuppacher Madonna« in Bad Mergentheim

Ein besonderes Kunstwerk hat die Pfarrkirche Maria Krönung im Bad Mergentheimer Ortsteil Stuppach aufzuweisen. In einer eigens an die Kirche angebauten Kapelle befindet sich Matthias Grünewalds »Stuppacher Madonna«, ein in Farbgebung und Gestaltung ergreifendes Marienbild.

Matthias Grünewald, der Schöpfer des Isenheimer Altars, malte das Bild um 1514 im Auftrag eines Aschaffenburger Geistlichen. Das verschollene Bild wurde 1809 im Schloss des Deutschen Ordens in Mergentheim entdeckt. Pfarrer Balthasar Blumhofer aus Stuppach kaufte das Bild im Jahr 1812 für seine Kirche. Doch erst 1881 erkannte man in dem Werk eine Schöpfung Matthias Grünewalds.

Im Mittelpunkt des Bildes sitzt die Gottesmutter auf einer Bank oder einem Brunnenrand. Maria trägt keine Krone. Ihr langes, blondes Haar fällt offen über die Schultern. Den Kopf wendet sie dem auf ihrem Schoß stehenden Jesuskind zu. Beide lächeln sich innig an. Die zahlreichen Details des Bildes weisen auf Maria als Mutter der Kirche hin.

Grünewaldstraße 41, 97980 Bad Mergentheim
www.stuppacher-madonna.de

Stalingrad-Madonna in Berlin

Das Ensemble aus der Ruine der alten, kriegszerstörten und der unmittelbar daneben in Betonwabenbauweise errichteten neuen Kaiser-Wilhelm-Gedächtniskirche in Berlin erinnert an die Schrecken des Zweiten Weltkrieges. Neben der Orgelempore lädt ein besonders eindrückliches Kunstwerk zum Nachdenken ein: die »Madonna von Stalingrad«.

Kurt Reuber, ein Pfarrer und Arzt, malte das Bild Weihnachten 1942 im Kessel von Stalingrad. Mit Kohle zeichnete er auf der Rückseite einer russischen Landkarte Maria, die ihren Sohn in ihren Armen birgt, umhüllt von einem wärmenden Mantel. Daneben stehen die Worte »Licht – Leben – Liebe«, als Zeichen der Hoffnung der Sinnlosigkeit des Krieges entgegengesetzt. Kurt Reuber starb 1944 in sowjetischer Kriegsgefangenschaft. Seine Familie wählte die Kaiser-Wilhelm-Gedächtniskirche als geeigneten Ort aus, um die Zeichnung dauerhaft zu präsentieren. Als Zeichen der Versöhnung wurden Kopien des Bildes an die Kathedrale des englischen Coventry und die orthodoxe Kirche der russischen Stadt Wolgograd (ehemals Stalingrad) verschenkt.

Breitscheidplatz, 10789 Berlin
www.gedaechtniskirche-berlin.de

Marienaltar in der Herrgottskirche in Creglingen

Die Kleinstadt Creglingen liegt im Main-Tauber-Kreis. Außerhalb des 1045 ersterwähnten Ortes fand ein Bauer beim Pflügen im Jahre 1384 eine unversehrte Hostie. Über dem Fundort begann man mit dem Bau der Herrgottskirche, ein Teil konnte schon 1389 geweiht werden. Sieben Jahre später war auch der Chor vollendet. Die Spenden der Wallfahrer ermöglichten um 1500 die Anschaffung neuer Altäre. Mit der Einführung der Reformation erlosch die Wallfahrt, die Kirche diente nun als Friedhofskapelle. So blieb die gesamte mittelalterliche Ausstattung fast unverändert erhalten.

Bedeutendster Schmuck der Kirche sind vier spätgotische Retabel. Berühmtheit erlangte vor allem der von Tilman Riemenschneider von 1502 bis 1505 geschaffene Marienaltar. Im Mittelschrein des Schnitzaltars ist Maria zu sehen, die von Engeln in den Himmel getragen wird. Die Flügel zeigen Szenen aus dem Leben der Mutter Jesu. Im Gesprenge ist eine Marienkrönung dargestellt, über der Christus schwebt.

Herrgottskirche, 97993 Creglingen (südlich des Ortskerns an der Straße nach Münster)

www.herrgottskirche.de

Sixtinische Madonna in Dresden

Es gibt wenige Gemälde, die von den meisten Menschen auf den ersten Blick erkannt werden. Dazu zählt zweifellos Raffaels »Sixtinische Madonna« in der Gemäldegalerie Alte Meister in Dresden. Der eindrückliche Blick der Gottesmutter Maria und die beiden geflügelten Putten am unteren Bildrand machen das Bild unverkennbar.

Rafaels in den Jahren 1512/13 gemalte »Sixtinische Madonna« gibt einen Blick frei in die himmlische Welt. Hinter einem grünen, zurückgezogenen Vorhang erscheint eine jugendliche Maria, die einen recht großen Jesusknaben auf dem rechten Arm trägt. Die unendlich vielen Engelsköpfe im Hintergrund deuten die himmlische Sphäre an, aus der Jesus durch Maria in unsere Welt kommt. Ein brauner Schleier umhüllt sowohl den Oberkörper der Gottesmutter als auch Jesus und verstärkt noch die innige Verbundenheit von Mutter und Sohn. Mit großem Ernst schauen beide den Betrachter an. So, als ob sich in ihren Zügen das Wissen um Jesu kommende Passion spiegelt.

Maria und Jesus stehen im Zentrum des Bildes, gerahmt von zwei knienden Heiligen. Auf der rechten Seite die hl. Barbara. Kaum zu erkennen ist ihr Attribut, der Turm. Sie hat ihre Augen niedergeschlagen und scheint in der Betrachtung des Geheimnisses der Menschwerdung Gottes in Jesus Christus versunken. Links gegenüber schaut der alte Papst Sixtus, nachdem das Bild benannt wurde, zu Jesus und Maria auf. Hier, im Angesicht Gottes, hat er die Tiara abgelegt. Das Zeichen seiner päpstlichen Würde ist am linken unteren Bild-

rand zu sehen. Die beiden geflügelten Engel am unteren Bildrand lehnen auf einer Brüstung, wie der Vorhang Symbol für die Grenze zwischen Himmel und Erde.

Raffael (1483–1520) malte das Bild im Auftrag von Papst Julius II. (1503–1513) für den Hochaltar der Klosterkirche San Sisto in Piacenza. Julius II. ist im Bild durch das Eichenlaub auf dem Gewand des Papstes Sixtus und die Eichel auf der Tiara gegenwärtig, bedeutet sein Familienname Rovere doch übersetzt »Eiche«.

Gemäldegalerie Alte Meister, Theaterplatz 1, 01067 Dresden
www.skd-dresden.de

Glocke »Maria Gloriosa« im Erfurter Dom

Einen herausragenden Rang nimmt die weltberühmte Glocke »Maria Gloriosa« im Erfurter Dom ein. Mit einem Gewicht von 11,5 Tonnen und einem Durchmesser von reichlich 2,5 Metern ist sie eine der größten mittelalterlichen Glocken. Der niederländische Glocken- und Geschützgießer Gerhardus Wou de Campis goss die Marienglocke im Juli 1497 zwischen Dom und St. Severi. Es war bereits der fünfte Neuguss einer Glocke gleichen Namens.

Der Nachklang der »Gloriosa« beträgt sechs Minuten. Gerühmt wird ihre Klangschönheit und Fülle. Friese aus Rosetten- und Weinlaub zwischen Ringlinien zieren die Glocke, wie auch zwei gleichgestaltete Reliefs der Gottesmutter im Strahlennimbus.

Größere Reparaturen aufgrund entstandener Risse erfolgten in den Jahren 1985 und 2004. Bei letzterer baute man die Glocke aus und brachte sie per LKW in eine Nördlinger Werkstatt. Dort wurde ein neuer Klöppel eingesetzt und der Läutewinkel verkleinert, um die Glocke zukünftig zu schonen. Heute wird die »Gloriosa« nur noch an hohen kirchlichen Festtagen geläutet.

Domstufen 1, 99084 Erfurt
www.dom-erfurt.de

Die »Goldene Madonna« in Essen

Am Ende des 10. und im frühen 11. Jahrhundert erreichte das um 845 gegründete Damenstift Essen seine Blütezeit. Mit den Äbtissinnen Mathilde (971–1011) und Theophanu (1039–1058) standen dem Stift sogar zwei Enkeltöchter Ottos des Großen und Ottos II. vor.

Mathilde gab zahlreiche der noch heute erhaltenen Kunstwerke des Domschatzes in Auftrag, so auch die um 980 geschaffene »Goldene Madonna«. Maria hat auf einem Schemel Platz genommen, Jesus sitzt seitwärts auf ihren Oberschenkeln. Mit ihrer Rechten umfasst sie die Schultern des Kindes, mit der Linken reicht sie ihm die Weltkugel dar.

Die 74 Zentimeter große Holzfigur wurde mit dünnen Goldblechen überzogen. Aus Email fertigte man die Augen von Maria und dem Jesuskind. Nur Reste blieben vom einstigen reichen Schmuck der Figur erhalten. Diese erste vollplastische Marienfigur des Abendlandes ist wertvollster Bestandteil des Domschatzes. Als »Mutter vom guten Rat« ist Maria die Patronin des Bistums Essen und wird im Bild der »Goldenen Madonna« verehrt.

i Domschatzkammer, Burgplatz 2, 45127 Essen
www.domschatz-essen.de

Das Gnadenbild »Mariahilf« im Dom zu Innsbruck

Seit 1650 birgt der Innsbrucker Dom einen ganz besonderen Schatz: das berühmte, um 1537 gemalte Gnadenbild »Mariahilf« von Lukas Cranach dem Älteren (um 1472–1553).

Von der Kreuzkirche in Dresden über die Gemäldesammlung des sächsischen Kurfürsten gelangte das Bild als Geschenk an Erzherzog Leopold V., den Bischof von Passau und späteren Tiroler Landesherrn. So kam das Bild nach Innsbruck, wo es im heutigen Dom seinen Platz am Hochaltar fand. Das öffentlich verehrte Bild machte die Kirche zu einem Marienwallfahrtsort.

Die Gottesmutter sitzt, einfach gekleidet, vor einem dunklen Hintergrund. Ein durchsichtiger Schleier bedeckt das lange blonde, nach hinten gekämmte und von einem Haarreif gehaltene Haar. Auf den Armen hält Maria das ihr zugewandte Jesuskind, das zärtlich an ihre Wange greift. Bis auf die typischen Marienfarben ist kein weiteres Marienattribut zu erkennen. Der Bildtypus hat jedoch die byzantinische Eleousa-Ikone zum Vorbild. Besonders im Alpenraum sind Mariahilf-Bilder weit verbreitet.

Domplatz 6, A-6020 Innsbruck
www.dibk.at/st.jakob

Das Marienfeld in Kerpen bei Köln

In den vergangenen Jahrzehnten hinterließ der Braunkohlenabbau in der Gegend südwestlich von Köln seine Spuren. Hier liegt im Rhein-Erft-Kreis auf dem Gebiet der Kolpingstadt Kerpen das rund 260 Hektar große Marienfeld. Auf dieser Ackerfläche kamen am 21. August 2005 etwa 1,2 Millionen Menschen zusammen, um mit Papst Benedikt XVI. die Abschlussmesse des Weltjugendtages zu feiern.

Der Name »Marienfeld« kam in Anlehnung an einen 500 Jahre alten Wallfahrtsort zustande, der dem Tagebau zum Opfer fiel. Heute ruft ein 2004 geweihtes 10 Meter hohes Holzkreuz die Geschichte der Marienwallfahrt in Erinnerung. Seit 2006 finden jährliche Weltjugendtags-Jahresfeiern auf dem Marienfeld statt. An das Großereignis erinnern der Papsthügel mit dem Weltjugendtagskreuz und einem offenen Basaltaltar sowie eine kleine, 2009 geweihte Marienkapelle.

Das Marienfeld liegt beim Autobahnkreuz Kerpen (A4 und A61), der Papsthügel direkt zwischen Kerpen und Frechen.

www.stadt-kerpen.de

»Die Muttergottes in der Rosenlaube« in Köln

Das Wallraf-Richartz-Museum in Köln besitzt eine der weltweit bedeutendsten Sammlungen der Malerei des Mittelalters. In der Galerie sind aber auch zahlreiche Werke des Barock, der Romantik und des Impressionismus zu sehen. Unbestrittener Höhepunkt der Kollektion ist Stefan Lochners »Muttergottes in der Rosenlaube«.

Stefan Lochner kam zwischen 1400 und 1410 in Meersburg zur Welt. Ab 1442 arbeitete er nachweislich in Köln und starb dort im Jahr 1451. Man identifizierte den bis dahin namenlosen Künstler anhand eines Tagebucheintrags von Albrecht Dürer, der sich Meister Stefans »Altar der Stadtpatrone« zeigen ließ. In Kölner Quellen fand man dann einen Maler namens Stefan Lochner.

Im Zentrum des Bildes sitzt eine mädchenhafte, in einen leuchtend blauen Mantel gekleidete Maria. Auf ihrem Schoß sitzt das Jesuskind. In der Hand hält Jesus einen Apfel, Hinweis auf die durch seinen Tod überwundene Schuld der Erbsünde. Die Gottesmutter trägt eine kostbare, edelsteinbesetzte Krone. Ein ornamentierter Heiligenschein umgibt das Haupt der Jungfrau und betont den Glanz der Krone. Maria trägt eine Einhornbrosche: Nach einer Legende konnte ein Einhorn nur von einer Jungfrau gefangen werden.

Die Gottesmutter sitzt in einer Rosenlaube. Vor dem Sündenfall sollen die Rosen dornenlos gewesen sein. Da Maria von der Erbsünde ausgenommen wurde, nannte man sie »Rose ohne Dornen«. Hinter Maria befinden sich Lilien, Symbol der Reinheit. Auch der grüne, blühende Teppich zu Füßen

Marias hat eine tiefere Bedeutung: Man entdeckt Maiglöckchen, Akelei, Gänseblümchen und Veilchen – allesamt Marienblumen. Die Erdbeeren blühen und tragen gleichzeitig Früchte – Hinweis auf die jungfräuliche Gottesmutter. Dreigeteilte Blätter verweisen auf die Heilige Dreifaltigkeit.

Engel, teilweise mit Musikinstrumenten, rahmen das Geschehen. Über allem erscheinen Gottvater und die Taube des Heiligen Geistes. Wer genau hinschaut, entdeckt hinter dem lieblichen Bild eine gewaltiges theologisches Programm.

Wallraf-Richartz-Museum & Fondation Corboud, Obenmarspforten, Am Kölner Rathaus, 50667 Köln

www.wallraf.museum

Die Mariensäule in Konstanz

Bischof Franz von Prassberg weihte die Konstanzer Mariensäule vor dem südlichen Querschiff des Münsters Unserer Lieben Frau im Jahre 1683. Die Immaculata-Darstellung orientiert sich an der Vision im 12. Kapitel der Offenbarung des Johannes. Maria trägt das Kind auf ihrem Arm und steht mit ihren Füßen auf dem Mond. In ihrer rechten Hand hält sie ein Zepter. Der aus zwölf Sternen bestehende Kranz um ihr Haupt ist etwas untypisch dargestellt, die Sterne sind Teil der Krone.

Aufgrund der an der Säule angebrachten Inschrift liegt die Vermutung nahe, dass die Errichtung der Säule durch die Ingolstädter Marianische Kongregation inspiriert wurde. Die Anrufung Mariens als »dreimal wunderbare Mutter« war seit 1604 im Ingolstädter Jesuitenkolleg üblich. Führende Persönlichkeiten des Bistums Konstanz wurden damals in Ingolstadt, einem Zentrum der inneren Reform der katholischen Kirche, ausgebildet.

Münsterplatz, 78462 Konstanz

Die Mariensäule in München

Die Mariensäule in München wurde im Jahre 1638 aus Dankbarkeit für die Erhaltung der Städte München und Landshut während der schwedischen Besatzung 1632 aufgestellt. Sie erinnert auch daran, dass Kurfürst Maximilian I. das Land Bayern unter den Schutz der Gottesmutter stellte.

Die 12 Meter hohe Säule besteht aus rotem Marmor und trägt ein überlebensgroßes vergoldetes Standbild der »Patrona Bavariae«. Hubert Gerhard (um 1550–1620) hatte die auf der Mondsichel stehende Marienstatue mit dem Jesuskind ursprünglich für den Hochaltar der Frauenkirche geschaffen. Vier geflügelte Kinderfiguren am Sockel kämpfen gegen Pest, Krieg, Hungersnot und Ketzerei.

Der Freisinger Bischof Veit Adam von Gepeckh weihte die Mariensäule am 7. November 1638. Am Fuß der Mariensäule beteten Papst Johannes Paul II. und Papst Benedikt XVI., der auch Erzbischof von München und Freising war.

Marienplatz, 80331 München
www.muenchen-linse.de/mariensaeule

Der »Englische Gruß« in St. Lorenz in Nürnberg

Aus der ausgesprochen reichen Ausstattung der Kirche St. Lorenz in Nürnberg ragt ein Kunstwerk heraus: An einer Kette im lichtdurchfluteten Chor schwebt der überlebensgroße, 1517/18 geschaffene »Englische Gruß«. Ein Kranz aus 40 Rosenblüten, auf dem die sieben Freuden Mariens auf runden Medaillons dargestellt sind, umgibt Maria und den Verkündigungsengel. Darüber ist die Nachbildung einer Paternosterschnur gelegt. Maria zeigt Demut, aber auch ihr Erschrecken über die unerwartete Begegnung: Ihr entgleitet das Buch, in dem sie gerade noch gelesen hat. Kleine, zum Teil musizierende Engel bekunden ihre Freude über die angekündigte Geburt Jesu. Die Halbfigur Gottvaters krönt das Kunstwerk.

Anton Tucher (1458–1524) vergab den Auftrag für dieses einzigartige Kunstwerk an den schon betagten Bildschnitzer Veit Stoß (um 1447–1533). Mehr als ein Jahrzehnt hatte man den als Betrüger und Quertreiber berüchtigten Meister gemieden. Doch nur von ihm konnte Tucher eine Umsetzung seines Wunsches erwarten – und der Künstler enttäuschte ihn nicht.

Lorenzer Platz 1, 90402 Nürnberg
www.lorenzkirche.de

Die »Madonna in den Erdbeeren« in Solothurn

Das Kunstmuseum in Solothurn besitzt eine der größten und wertvollsten Gemäldesammlungen der Schweiz. Zu den herausragenden Werken gehört die um 1425 gemalte »Madonna in den Erdbeeren« des unbekannten Oberrheinischen Meisters, auch als Meister des Paradiesgärtleins bezeichnet.

Maria sitzt mit einem Buch auf dem Schoß auf einer Rasenbank in einem Rosenhag, einem umschlossenen Paradiesgärtlein. Sie streckt ihre rechte Hand mit einer weißen Rose dem Jesuskind entgegen. Jesus greift nach der Blume und hält in der anderen Hand einen Krug – Symbol für das Wasser des Lebens. Hinter Maria erkennt man aufgeblühte und Früchte tragende Erdbeeren. Zu ihren Füßen blühen Maiglöckchen und Frauenmantel.

In diesem Bild verschmelzen mittelalterliche und neuzeitliche Vorstellungen. Die kleine Stifterfigur im rechten Bildvordergrund, der Goldgrund und die edelsteinbesetzte Krone sind noch ganz dem Mittelalter verpflichtet. Hingegen verrät die präzise Darstellung von Pflanzen und Vögeln neuzeitliches Interesse an der Natur.

Kunstmuseum Solothurn, Werkhofstraße 30,
CH-4500 Solothurn

www.kunstmuseum-so.ch

Marienkirchen

Schwerin

Lübeck

Hildesheim

Erfurt

Speyer

Birnau

Sion
Schweiz

Stralsund
Prenzlau
Wittenberg
St. Marien-
stern
Dresden
Augsburg
© Karl Weidenbacher/pixelio
München
Linz
Österrreich
Ostsee
MECKLENBURG-
VORPOMMERN
SACHSEN-
ANHALT
BRANDENBURG
THÜRINGEN
SACHSEN
BAYERN
Rostock
Lübeck
Schwerin
Berlin
Potsdam
Wolfsburg
Braunschweig
Magdeburg
Cottbus
Halle
Leipzig
Erfurt
Dresden
Gera
Chemnitz
Zwickau
Nürnberg
Fürth
Regensburg
Ingolstadt
Augsburg
München

Marienkirchen

Dresden

Frauenkirche, Liebfrauenkirche, Kirche Unserer lieben Frau oder Marienkirche – nicht immer wird auf den ersten Blick deutlich, wie viele katholische und evangelische Kirchen der Mutter Jesu geweiht sind. Von den 27 katholischen Bischofskirchen in Deutschland haben 11 Maria als Patronin, oft kommen weitere Heilige hinzu. Die Kathedralen in Aachen, Augsburg, Erfurt, Freiburg, Hamburg und München sind allein der Gottesmutter geweiht. In Hildesheim trägt der Dom den Namen »St. Mariä Himmelfahrt«. Auch die Bischofskirchen in Eichstätt, Essen, Paderborn und Speyer sind Marienkirchen, doch diese Kirchen haben noch weitere Patrone. Der Freisinger Dom, Konkathedrale des Erzbistums München-Freising, ist neben Maria ebenfalls noch einem weiteren Schutzheiligen, dem hl. Korbinian geweiht. Auch einige ehemalige Kathedralen, deren Bistümer in der Reformation untergingen oder später aufgelöst wurden, sind Marienkirchen: Fürstenwalde, Havelberg, Konstanz, Schwerin und Verden.

Doch auch zahlreiche Stadt-, Dorf- oder Klosterkirchen stellte man unter den Schutz Mariens. So sind viele gotische Backsteinkirchen an der Ostsee

Stralsund

der Gottesmutter geweiht, in Flensburg, Lübeck, Wismar, Rostock, Stralsund und Greifswald. Alle diese heute evangelischen Kirchen haben ihr Marienpatrozinium behalten.

Bedeutende evangelische Marienkirchen finden wir in den niedersächsischen Städten Celle, Osnabrück und Wolfenbüttel, in Anklam, Neubrandenburg und Pasewalk (alle Mecklenburg-Vorpommern), in Berlin oder in Brandenburg in Frankfurt an der Oder und Prenzlau. Martin Luthers Predigtkirche in Wittenberg ist ebenso eine Marienkirche wie eines der bedeutendsten evangelischen Gotteshäuser überhaupt, die Frauenkirche in Dresden. Am Elbufer im Dresdner Stadtteil Hosterwitz steht die bei Brautpaaren sehr beliebte Kirche »Maria am Wasser«. Neben den großen evangelischen Marienkirchen in Freiberg, Pirna und Zwickau gibt es in Sachsen auch zwei ununterbrochen seit dem 13. Jahrhundert bestehende Klöster, die Maria schon im Namen tragen: St. Marienthal und St. Marienstern.

Sion (Schweiz)

Weite Verbreitung fand das Marienpatrozinium auch im Rheinland. Hier sind z. B. die Marienkirche in Dortmund, die Kirchen »St. Maria im Kapitol«, »St. Maria in Lyskirchen« und »St. Maria in der

München

Kupfergasse« (alle in Köln) zu nennen. In Westfalen lohnen die »Große Marienkirche« in Lippstadt und »St. Maria zur Wiese« in Soest einen Besuch. Besondere Verehrung erfährt die Gottesmutter in Bayern als »Patrona Bavariae«. Eine 1610 geprägte Münze zeigt Maria als Schutzpatronin Münchens. Nach einer Bitte König Ludwigs III. erklärte Papst Benedikt XV. 1916 Maria ausdrücklich zur Patronin des Landes. Unzählige Kirchen und Kapellen tragen den Namen Mariens. Doch auch im Südwesten Deutschlands gibt es bedeutende Marienkirchen, so den Dom zu Speyer oder die Klosterkirche Birnau am Bodensee.

Linz (Österreich)

In Österreich, hier gibt es 9 Bistümer, sind die Dome in Gurk, St. Pölten (beide Mariä Himmelfahrt geweiht) und Linz (Mariä-Empfängnis-Dom) der Gottesmutter als Schutzpatronin anbefohlen, aber auch die Bischofskirche der aufgehobenen Diözese Wiener Neustadt. Auch die Kathedralen in Chur und Sion in der Schweiz sind Marienkirchen. Das 1964 in der heutigen Form geschaffene Südtiroler Bistum Bozen-Brixen hat aus historischen Gründen zwei Bischofskirchen, die beide der Gottesmutter geweiht sind.

Nützliche Links

Wallfahrtsservice: Informationen der Diözese Würzburg zur Wallfahrt und ihren theologischen Hintergründen allgemein, Links zu Wallfahrtsorten, Gebete, Musik und Lieder für unterwegs, Andachten, praktische Tipps und Literaturhinweise, www.wallfahrtsservice.de

Marienlieder: ortsbezogene Marienlieder vieler Wallfahrtsorte, Mariengebete, www.marienlied.de

Rosenkranzgebet: Einführung in das Beten des Rosenkranzes, www.katholisch.de/glaube/unsere-gebete/das-rosenkranzgebet

Brauchtum: Seite des Bonifatiuswerkes zum religiösen Brauchtum (u. a. Marienfeste), www.brauchtum.de

Abbildungsnachweis

S. 6 f., 50 f. o., 50 u., 78, 79 o., 79 m., 92, 102 f., 120 f. (Landkarten) © Artalis / fotolia; S. 8 li. © skyfish / shutterstock; S. 8 re. © Geolina163 / Wikimedia Commons; S. 9 © maartenhoek / fotolia; S. 10 © Julius Kramer / fotolia; S. 11 © S. Finner / Wikimedia Commons; S. 12 © High Contrast / Wikimedia Commons; S. 13 © Mattana / Wikimedia Commons; S. 14 f. © atreyu / Wikimedia Commons; S. 16 © Christian Eckhardt / Wikimedia Commons; S. 17 © Rabanus Flavus / Wikimedia Commons; S. 18 © 79.214er / Wikimedia Commons; S. 19 © TobiasW / fotolia; S. 20 © Michielverbeek / Wikimedia Commons; S. 21 o. li. © Wydoi / Wikimedia Commons; S. 21 o. re. © Anne Bermüller / Pixelio; S. 21 u., 86 u., 101 © travelpeter / fotolia; S. 22 © Ernst Pieber / fotolia; S. 24: © Wikswat / Wikimedia Commons; S. 25 © Th1979 / Wikimedia Commons; S. 27, 37 © KNA-Bild; S. 28 © Radler59 / Wikimedia Commons; S. 29 Eckhard Pohl, Mit freundlicher Genehmigung der Kirchenzeitung Tag des Herrn. www.tag-des-herrn.de, Alle Rechte vorbehalten. © St. Benno Verlag, Leipzig; S. 30 o. © Velopilger / Wikimedia Commons; S. 30 u. © Kunstverlag Josef Fink, Lindenberg / Allgäu; S. 31 © seier+seier / Wikimedia Commons; S. 32 © Paulis / Wikimedia Commons; S. 33, 36, 38, 48 f., 106, 111 © picture alliance / dpa; S. 34 © picture-alliance / DUMONT Bildarchiv; S. 35 © Konrad Lackerbeck / Wikimedia Commons; S. 39 © picture alliance / Pressefoto Ulmer; S. 40, 67, 84, 98 u. © traveldia / fotolia; S. 41 © GFreihalter / Wikimedia Commons; S. 43 © babelsberger / fotolia; S. 44 © Malchen53 / Wikimedia Commons; S. 45 © sehbaer_nrw / fotolia; S. 46, 47 li., 95 u., 97 o. © mojolo / fotolia; S. 47 re. © Uwe Graf / fotolia; S. 51 u., 79 u. (Landkarte) © lesniewski / fotolia; S. 52 © BAILLEUL / Wikimedia Commons; S. 53 li. © böhringer friedrich / Wikimedia Commons; S. 53 re., 57 © Carinthian / fotolia; S. 54 © Jurapix / fotolia; S. 55 © picture alliance / Westend61; S. 56 © Johann Jaritz / Wikimedia Commons; S. 58 © Henry Kellner / Wikimedia Commons; S. 59, 61 © fotofrank / fotolia; S. 60, 62 © Renáta Sedmáková / fotolia; S. 63 © Uoaaeil / Wikimedia Commons; S. 64 © Momentum / fotolia; S. 68 © Zairon / Wikimedia Commons; S. 69 © HappyAlex / fotolia; S. 70 © Martin Lehotkay / fotolia; S. 71 © Rainer Wolf / fotolia; 72 ©